現代経営基礎シリーズ 4
現代経営戦略論の基礎

佐久間 信夫 編著
犬塚 正智

学 文 社

執筆者

＊犬塚　正智	創価大学経営学部教授	（第1，9章）
＊佐久間信夫	創価大学経営学部教授	（第2章）
青木　英孝	千葉商科大学商経学部助教授	（第3，11章）
安田　賢憲	東京富士大学短期大学部助教授	（第4，5章）
前橋　明朗	作新学院大学総合政策学部助教授	（第6章）
関根　雅則	高崎経済大学経済学部助教授	（第7章）
西村　晋	創価大学大学院博士後期課程	（第8章）
有村信一郎	中京学院大学経営学部講師	（第10章）

（＊は編者，執筆順）

はじめに

　激動する今日の社会は，旺盛な企業活動によって支えられており，私たちの生活もこの企業活動とは切り離せない関係にある．いまや経営学の影響力は多くの分野に及んでいる．その中で，企業の重要な意思決定にかかわるような経営戦略の内容を学ぶことは，あたかも最高経営者として企業活動に関与しているかのようである．経営戦略論によって企業を知る努力は，企業社会を理解することであり，さらには企業活動を通して，ヒト・モノ・カネ・情報の織りなす社会現象を知ることにも通じる．

　経営戦略論においては，常に新たな現象の理論化が行われており，時代とともに研究分野も拡大している．また，本書の特徴は，研究成果を理論と実践という立場からバランスよく纏めている点である．企業経営の現場や事例研究を通して，現実味のある企業の実体に迫ろうと努力していることも見逃せない．

　そこで本書では，現代の経営戦略に必要な知識と知見を提供し，現実の経済事象で起こっている問題に対する洞察力を養うことを目標としたい．本書は「経営戦略論の入門書」として編纂されたものである．したがって，大学における入門書として，ビジネス系短期大学ならびに専修学校のテキストとして利用しやすいように編まれている．また，他学部で学習している人やビジネス・パーソンのための各種検定試験や国家試験対策の戦略論テキストとしても利用できる内容である．

　本書は1～11章で構成されており，いずれの章も担当項目の専門家が執筆した．1章の「戦略論の理論体系」ならびに第9章「組織の内部コントロール論と変革型リーダーシップ」は犬塚が担当し，全体の構成など編集作業も行った．内容の統一はなされていると思うが，各章間に矛盾があるとすれば犬塚の責任である．

第2章では，「製品市場戦略と多角化」の内容を明らかにしており，佐久間が担当している．本書の企画から執筆者間の意見交換など骨の折れる作業をすべて引き受けた．

　第3章と11章は青木が担当，「資源展開戦略」ならびに「グローバリゼイションと経営戦略」について考察している．

　第4章と5章は安田が担当し，それぞれ「ポジショニング・アプローチと競争戦略」ならびに「リソース・ベース・ビューと経営能力」についての最新の理論を紹介している．なかでも5章においてケイパビリティの概念を展開し，競争優位の確立について重要な示唆を与えている点は見逃せない．

　第6章は前橋が担当し，「ナレッジ・マネジメントと知識創造」ではSECIモデルを詳しく解説し，知識創造のメカニズムを明らかにしている．

　第7章は関根が担当，「M&A戦略」では，今日急増している企業の合併・買収についてその特徴と問題点を詳細に分析している．

　第8章は西村の担当で「組織間関係戦略」について，内部コストと取引コストのメリット・デメリットについて明らかにし，近年台頭してきたEMS（Electronics Manufacturing Service）企業の戦略についても論述している．

　第10章の「情報ネットワーク化と経営戦略」は有村が担当，IT戦略の状況やデジタル化が企業経営に及ぼす影響について考察している．特にデジタル化とモジュール化が経営に及ぼす影響については多くの示唆を汲み取ることができる．

　以上，本書の構成と担当者について簡単にふれたが，読者の興味がある点から読み進められてもなんら問題はない．第1章から順に読み進めるのもよいが，読者の興味のあるところから読んでみて，新しい発見や知見が得られることをむしろ歓迎したい．本書によって経営学ならびに経営戦略論に興味を抱き，それが契機となって優秀なビジネス・パーソン，さらには経営責任者になる人が現れることを著者一同，こころより望むものである．

本書がわが国経済の景気回復過程でグローバル化と高度情報化との変換期に上梓できることは時宜を得た快挙であり，学問やビジネスに広く活用されることを望外の喜びとしたい．発刊に対し好意的に対応して下さった（株）学文社・田中千津子代表取締役社長に心より感謝の意を表したい．原稿の遅れにもかかわらず，原稿の処理から校正作業，発刊に至るまで手際の良さには本当に驚いている．最後に，友人・同僚から多くの啓発や激励を頂いた，この場をかりて御礼申し上げる．

2006年3月

佐久間　信夫
犬塚　　正智

目次

はじめに　i

第1章　経営戦略論の理論体系　……………………………………1
1.1　経営戦略とは何か　1
1.2　経営戦略に関する議論の歴史　10
1.3　経営戦略の対象領域　13
1.4　経営戦略の理論体系　19

第2章　製品市場戦略と多角化　……………………………………29
2.1　製品市場とマトリックス　29
2.2　多角化のパターンと業績　31
2.3　多角化の利点と成功を規定する原則　35
2.4　シナジーと中核的能力　39

第3章　資源展開戦略　………………………………………………43
3.1　経営資源のタイプ　43
3.2　経営資源の蓄積　46
3.3　シナジー効果とリスク分散効果　50
3.4　資源配分とPPM　54

第4章　ポジショニング・アプローチと競争戦略　………………61
4.1　5つの競争要因（業界構造分析）　61
4.2　同一産業内の競合企業間の競争　64
4.3　新規参入者の脅威　65
4.4　代替製品・サービスの脅威　68
4.5　顧客および供給業者の交渉力　70
4.6　戦略グループと企業の収益性　73

第 5 章　資源ベース論と競争優位 …………………………………79
- 5.1　基本戦略とバリューチェーン　79
- 5.2　資源ベース論と VRIO フレームワーク　85
- 5.3　経営資源とケイパビリティの定義　92

第 6 章　ナレッジ・マネジメントと知識創造 …………………97
- 6.1　経営資源としての知識の重要性　97
- 6.2　知識の概念　98
- 6.3　ナレッジ・マネジメントの知識観　101
- 6.4　知識創造理論の概要　103

第 7 章　M&A 戦略 ……………………………………………111
- 7.1　M&A とは何か　111
- 7.2　M&A 活発化の背景　116
- 7.3　M&A の効果と企業価値の向上　118
- 7.4　M&A のリスクとその回避　122

第 8 章　組織間関係戦略 ………………………………………125
- 8.1　組織間関係の問題　125
- 8.2　資源依存モデル　126
- 8.3　取引コスト論　130
- 8.4　電機・電子産業にみる企業間の協調　137
- 8.5　現代的な問題　140

第 9 章　組織の内部コントロール論と変革型リーダーシップ ……143
- 9.1　組織コントロール論の意義　143
- 9.2　モチベーション理論　144
- 9.3　モチベーションの内容理論　146
- 9.4　モチベーションのプロセス理論　151
- 9.5　リーダーシップ理論　157
- 9.6　リーダーシップの有効性とモチベーション　162

9.7　ネットワークリーダーシップ　164
　　9.8　リーダーシップ・エンジンによる組織の競争優位性の確保　168
第10章　情報ネットワーク化と経営戦略 …………………………………175
　　10.1　高度情報ネットワーク化社会とITビジネス　175
　　10.2　デジタル化経営とモジュール化戦略　179
　　10.3　電子商取引と競争優位　184
第11章　グローバリゼーションと経営戦略 ………………………………191
　　11.1　産業と経済のグローバリゼーション　191
　　11.2　グローバリゼーションと経営戦略の課題　200
　　11.3　グローバルな課題を解決するための組織設計　204

　　索　引 ……………………………………………………………………212

経営戦略論の理論体系

1.1 経営戦略とは何か

　経営戦略とは，「企業を取り巻く環境との関わりについて，企業を成功に導くために何をどのように行うかを示したもので，企業に関与する人たちの指針となりうるもの」と定義される．企業がどのような事業分野でどのような活動を行って企業目的を実現するのかを明らかにしたものだといえる．その企業独自の経営のあり方を策定することが経営戦略であるといえる．

　次に，経営戦略を策定するには，まず経営理念により自社の存在意義を確認する必要がある．それを実現するために自社の活動分野である事業ドメインを決定する．

　事業ドメインを検討するには，自社の置かれた外部環境や内部資源（経営資源）を正しく認識することが必要である．その分析の方法にＳＷＯＴ分析がある．その強みをコア・コンピタンスとして確立し，他方，市場において自社の競争力が弱い分野はそれを他社からアウトソーシングするような戦略も必要である．

(1) 経営理念

　経営理念とは，「創造性のある製品を提供して社会に貢献する」というような企業の存在意義や経営活動の指針を示したものである．経営理念は，いわば企業の憲法であるともいえる．経営理念は創業者により策定されることが多いが，環境の大きな変化により改訂されることもある．経営理念を明確

にするのは，次のような目的があるからだといえよう．
- 自社の存在意義を社外に明確にして，自社の存在を確立する．
- 社員の帰属意識，一体感を高める．
- 社員の行動規範になる．
- 意見の対立があったときに，判断基準とする．

　社員がこれを認識して行動することにより，この価値観が企業文化として定着することが重要である．経営戦略は，この経営理念を実現するための手段であり，経営理念に反する戦略は，企業の存在意義を失うことにもなる．

　なお経営戦略には，「5年後に東証1部上場」「5年以内に2.0倍の営業利益増」などの具体的な目標が必要であるが，これらは経営理念ではなく経営目標とよぶ．

(2) 事業ドメイン

　広義でいえば事業ドメインは事業領域ともいい，経営理念に基づき企業がどのような分野で活動するかを定めたものである．単純にいえば，「誰に，何を，どのように」提供するかを示したものである．ドメインの設定にあたっては，ドメインの広さに留意する必要がある．ドメインを広く定義しすぎると，経営活動が分散してしまい方向がまとまらなくなる危険がある．逆に狭く定義すると，活動が限定されて企業の成長が妨げられる危険がある．

　ドメインの表現については，こうでなければならないということはない．事業に関する理念が込められ，一方で戦略的な事業展開が可能となるように事業を規定する．このような観点からドメインの表現を3つの方法に分けることができる．

① 理念や社会との関わりを表現

　社会貢献の手段として事業を定義づけるものである．すなわち，文化を向上させる，生活を豊かにする，問題解決などといった機能をその事業領域の役割として規定する．

② 技術や機能をベースに表現

　特定の具体的な技術や機能を基盤にその展開として事業領域を規定する．たとえば，磨く，伸ばす，あるいは水などの液体の処理，不燃といった技術，さらに運ぶ，包む，飾る等の機能をベースに事業展開する．そのことがドメインであるとするのである．ここでも社会とのつながりやニーズとの関連を考えることは重要である．

③ 事業分野に関する具体的なビジョンを表現

　目指すべき事業分野を明らかにするもので，このタイプは従来からしばしば行なわれてきた．たとえば，インテリアの総合化，総合素材企業，レジャーのデパートなどがある．現在の事業の周辺への拡大，あるいは技術革新によって品質機能の向上や多様化など拡大総合化型が多いが，高級化や特定顧客など，ある分野に特化・深耕するというケースもある．健康食品への特化，教育市場において最も信頼される企業などがこれにあたる．

　上記のようなドメインのタイプは厳密に分けなければならないものでもない．現実に，これらが混じり合った表現もあるし，生活文化企業とか創造企業といったかたちの企業規定もドメインとしての機能を果たしている．要するに，目的や機能を満足させる事業規定をすることが大切なのである．

(3) SWOT分析

　環境を自社の経営資源と外部環境にわけて，それらが自社に好影響を及ぼすのか悪影響なのかに分けると，強み（S：Strengths），弱み（W：Weaknesses），機会（O：Opportunities），脅威（T：Threats）の4つに区分でき，それらにどのようなものがあるかを列挙して分析する方法である．創発的戦略か意図的戦略かにかかわらず，非常に成功した戦略は次の4つの条件を考慮したものである．

・企業の内部条件としての強み（Strengths）
・企業の内部条件としての弱み（Weaknesses）

図表1-1　SWOT分析のフレームワーク

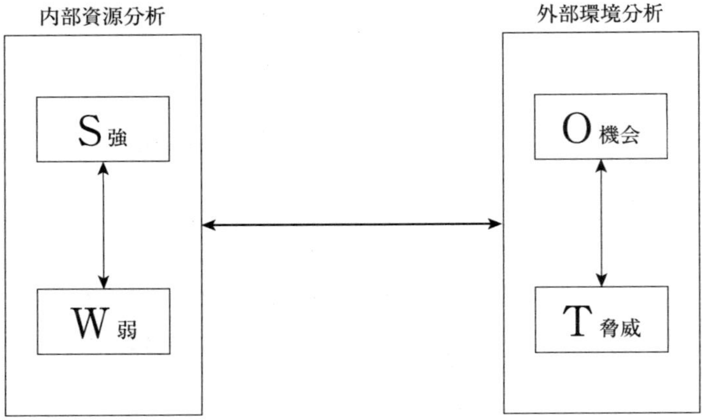

内部資源分析　　　　　　　　　　外部環境分析

S 強　　　　　　　　　　　O 機会

W 弱　　　　　　　　　　　T 脅威

・企業の外部条件としての機会（Opportunities）
・企業の外部条件としての脅威（Threats）

　この強み，弱み，機会，脅威という視点に基づいて，競争優位獲得のための自社のセオリーを評価するとき，SWOT分析を行っていることになる（図表1-1参照）．強み（strengths）とは，経済価値を創出する，経営資源のケイパビリティのことである．弱み（weaknesses）とは，企業の強みがもたらす経済価値の実現に困難になるような経営資源とケイパビリティ，もしくは戦略実行のために実際に用いられると，企業の経済価値を減じてしまうような資源やケイパビリティである．機会（opportunities）とは，企業がその競争上のポジションや経済的パフォーマンスを向上させるチャンスのことである．脅威（threats）とは，企業の外部にある，その企業の経済的パフォーマンスを減らす働きをするすべての個人，グループ，パワーのことである．

　また，機会と脅威は物事の表裏である．たとえば，自社の経営活動が法的に規制されていることが多い場合には，「規制緩和」が進むのは機会であると考えられるが，逆にそれにより新しい競争相手が出現する脅威でもある．

逆に,「景気が下降している」ことは,自社製品が売れないことでは脅威だが,それは他社でも同様なので,工夫をすれば急速にシェアを伸ばす機会である.

(4) 経営戦略の概念

　企業活動は,経営者の政策によって推進されるのであるが,その方針と内容はさまざまである.たとえば,日常的な経営活動とは異なり事業の多角化や大規模な設備投資などは,従来の組織を維持する活動とは異なる.すなわち,企業の基本的な方針を決定したり,重大な選択を行うような活動を戦略的意思決定といい,そのさまざまな理論的・実践的行動を経営戦略活動ということができる.したがって,経営戦略活動をうけて種々の具体的目標を実施することを経営戦略と呼ぶことができる.さらに,環境条件の変化に適応するために,組織がもつところの変化させない行動目標および行動方式を戦略というのである.

　しかしながら,変化しないものとしては,経営者の理念とか,取るべき行動の方向,原則ないしポリシーなどがある.経営戦略の概念を明確にするため,われわれは,戦略策定を規定する企業の目的との関係で戦略の概念を把握する必要がある.この企業の目的は,企業が第一義的に追求しなければならないものであり,たとえば,第一義的目標が企業を存続させることであったり,収益性やマーケット・シェアであったりする.したがって,ここでは経営目的を達成しようとする手段として戦略が登場する.有効な戦略は,この目的を達成するため実現可能ないくつかの目標をもっており,その目標を実現するための諸活動を戦略策定（strategic formulation）という.経営戦略は限られた資源で,しかも一定の時間内で実施されねばならないし,目標を実現する際,それをめぐる環境と行動主体の能力（ヒト・モノ・カネ・情報）から規定を受けるのである.ここにおいて,所与の目的が設定された場合,われわれは戦略を目標／手段関連として把握し,目標／手段の連鎖プロ

図表1-2　目標／手段連鎖プロセス

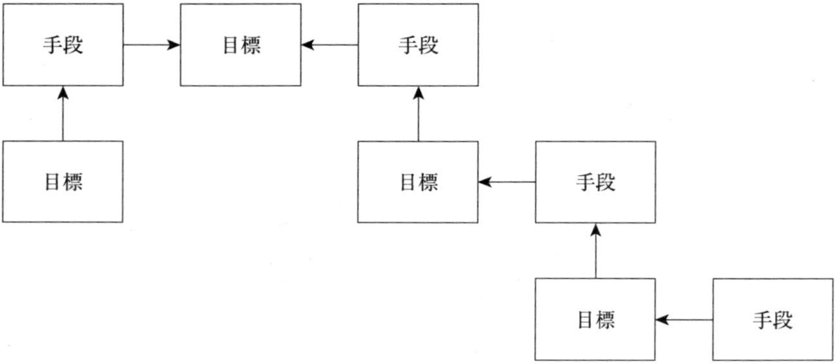

[手段]→[目標]←[手段]
　　　　　　　　　↑
[目標]　　　　　[目標]←[手段]
　　　　　　　　　　　　　↑
　　　　　　　　　　　　[目標]←[手段]

セスとして認識することができる（図表1-2）．

　企業戦略の場合，企業がもつ能力のことを経営資源と呼ぶことができる．たとえば，物的資源としては企業のもつ資金力，工場設備，管理能力，テクノロジー，ブランド，情報，これまで企業内で蓄積されてきたノウハウなどがあげられる．人的資源としては，熟練，経験，創造性，リーダーシップなどが含まれる．この物的・人的資源を有効に組み合わせることが決定要因となるので，戦略策定に際して，環境の認識とともに経営資源のミックスが非常に重要となる．この物的資源や人的資源は，企業によってさまざまで，何をもって自社の強みとし，逆に弱みと判断するかは定まっていない．そこには，各企業における意思決定者の主観的な認識が反映されるであろうし，むしろそこに各社の個性あるいは独創性が発揮されるといえよう．

　全社的な企業戦略においては，どのような事業を行うかを環境との関わりから示そうとしているし，事業レベルの戦略では市場において，いかに競争優位を確立してゆくかということで企業と環境との関係性を明らかにしている．そういう意味において，企業は，他の組織と競合しながら環境との間に財，サービス，情報の交換関係をもつオープンシステムであるといえる．

⑸ 経営理念とドメインの設定

　経営理念は組織の存在意義や使命を普遍的なかたちで表した基本的な価値観である．これによって経営者は会社や組織は何のためにあるのか，企業経営をどのような目的とかたちで行うことができるのかということに関する基本的な考え方を企業内外に伝達し，共有することができる．また，社員に対して行動や目標に対する指針を与えることもできる．その価値観によって，企業活動の公正な判断基準をもたらし，企業への求心力にもつながる．すなわち，経営理念は企業文化を形成する重要な要素である．

　経営理念の内容は，行動規範的なもの，経営戦略の成功のための鍵概念や経営姿勢を示すもの，企業の存在意義を示すものなどいろいろなかたちで表現される．一般的には社会，顧客，および社員の3者に関する理念が設定されることが多い．なお，企業ビジョンという言葉も経営理念と似た言葉として使われることが多いが，これは経営理念のうち，未来の目指すべき姿に焦点を当てたものである．

　次に，ドメイン（domain）について考察してみよう．元来，このドメインという言葉は，領土，範囲，領域，生育圏などの意味を指すものであるが，経営学では，諸環境のなかで組織がやり取りする特定領域であると定義できる．すなわち，組織体が活動し，生存していく領域ということであり，より具体的にいうならば企業が行う事業活動の展開領域である．コングロマリットのようにどんな分野にでも進出する企業もあるが，大部分は，企業の限定された領域を定義している．ドメインの定義とは，企業がどのような事業領域を選択するかという問題である．しかしながら，ドメインを定義するということは，競争相手と戦う土俵を規定することでもある．企業のアイデンティティが定まることで，企業経営の注意の焦点が限定されることや，組織としての一体感が醸成されるなどの効果が期待できる．企業はドメインを定義することにより，自らの生存領域（一般には，市場，業態，業種の選定）を明確にし，将来の進化の方向をも宣言することになる．すなわち，ド

メインの定義は，企業が現在と将来を通じて，どのような社会的使命や社会的価値を実現しようと考えているのかを，社内外に表明する基本的な手段なのである．

そして，内部システムの資源配分はこの理念に基づいて決定され，運営されることが必要である．すなわち，理念を単なるスローガンに終わらせずに浸透させるには，企業の活動や経営システムすべてに反映させていかねばならない．

企業理念あるいは経営理念とは，企業を経営し，具体的な活動をするにあたっての基本的なよりどころとしての考え方である．創業者ならびに経営者トップの経営哲学や信念を反映したものであり，その意味づけとして社是，社訓，会社綱領として表される．理念はまず大きく2つに分けることができる．第1は，企業目的あるいは存在意義に関する理念，第2は，これを実現するための企業の運営・行動に関する理念である．

①目的理念

目的理念は，社会に対する自社の存在意義に関わるものである．何のために企業が存在しているのか．あるいは企業を創立し，経営するにあたっての社会的使命感である．その中で一般的なのは，顧客に対する効用をどのように提供するのか，また，社会一般や取引先に対してどう考えているのか等の表明であったりする．すなわち，ステークホルダーに対する取り組みや貢献をあげたり，最近では，従業員や株主に対する責任といったものを明示するところも多くなってきた．

②運営理念

運営理念とは，企業の具体的な活動方針に関する基本となる考え方や意識である．これは主として社内向けのものであって，社会に貢献するための手段や行動について，尊重すべき考え方や基準を示したものである．これを経営指針，基本方針あるいは行動基準と呼ぶ場合もある．たとえば，技術を尊重するとか，人間や組織の力を重視するとか，良き企業市民としての行動を

とるとかいったものがある．最近では，このような点を広く社会に明らかにして，共感と支持を求めるという考え方もでてきた．ところで，理念は企業における重要な基準となるものであるから，わかりやすくて簡潔なものでなければならない．

・思想性：高い倫理性や使命感をもち，共感のもてる内容であること．
・継続性：状況の変化などで簡単に変更されるようなことのないこと．
・明示性：誤解の余地がないようにはっきりと表現されること．
・包括性：部分的，特殊な分野に偏らず企業活動全体に関わること．
・独自性：他社と差別化できること，創業者や経営トップの個性を反映したものであること．
・整合性：内容に矛盾がないこと．

(6) 経営・理念に基づく経営戦略推進

戦略とは，環境の変化に対して柔軟・迅速に対応することであるが，環境の動向に流されたり，周囲の状況に惑わされたりする場合もある．環境にあわせて企業の方針を頻繁に変化させていては，企業の本来的な目標を達成することは困難である．ここで重要なことは，基本的に企業の方針をしっかりと堅持して，主体的に環境に対峙することである．これまでの日本企業は，環境の変化によって問題が発生したり，周囲から圧力がかけられるまで何もしないという受け身の対応が多かった．

たとえば，これまで金融ビッグバンに代表される金融改革，日本経済の構造改革などは外国からの圧力で進められている．いままでの日本企業の対応は，確かに問題化したものに対しては非常に巧みに対処するか，あるいは，何とか乗り切ってきた．日本は海外から集団としても，個人としても日和見的だとか，その場しのぎで終始するといわれてきた．したがって，企業としても，単に状況に合わせて反応するのではなく，主体的に自身の行動規範（経営理念）をもって実行することが望まれている．そうでなければ，どん

なに経済的に成功しても，優秀な製品を提供したとしても，真に世界から高く評価される存在とはなりえないであろう．このしっかりした考えをもつということが，すなわち，経営理念を確立することである．経営理念を明確にし，それに基づいて主体的に環境に対応するマネジメントの枠組みをつくることが必要である．要するに，このことは，経営理念から始まって実行計画をつくり推進するという一連の有機的なプロセスを組み立てることである．

1.2 経営戦略に関する議論の歴史

(1) 経営戦略論の源流

本節では，経営戦略論にいたる経営システムの進展過程を鳥瞰し，くわえて経営戦略論の流れとその内容を明らかにしたい．

経営学の分野で戦略（strategy）という概念が登場したのは，おそらく1960年代からであろう[1]．

1950年代，アメリカにおいて戦略という言葉が使用されたが，現代のそれとは異なっていたようだ．企業戦略に近い内容を表す場合，ビジネス・ポリシー（Business Policy）とか長期経営計画という言葉が一般的であった．経営戦略そのものを論じたわけではないが，それに類する内容は概ね3つの系譜で論じられていた（土屋守章編，1982）．

第1の流れは，当時の経営学のなかの6つの学派[2]の1つである経営管理過程学派の研究である．この学派は，ファヨールによって創始され，テイラーによって継承・発展されたのであった．経営における管理という活動を計画・組織・指揮・統制という4つのプロセスから考察したところにその特徴がある．当初は組織や指揮を中心に議論していたが，1950年代には計画についてもっと幅の広い議論が出てくるようになった．長期経営計画の必要性が高まったのは1960年代以降であり，やがて実質的な戦略研究に進み，経営戦略論の流れの1つが形成されるようになった．主たる研究として，ロッキード・エレクトロニクスの経営者であったアンゾフによる『企業戦略論』

(1965) の研究に基づくものである．彼は過去の趨勢からのみ外挿するような従来の長期計画に失望し，それにとって変わる戦略的経営論を展開するにあたり，その戦略論の基礎となる概念と意義を明らかにした．

経営戦略の第2の流れは，経営史学の研究から展開されたものである．アメリカの大企業がどのようなプロセスを辿って成長してきたかという歴史的な経過の解明である．19世紀まで，成長というのは市場支配のために主として独占体制の形成および事業を川上・川下に広げていく垂直統合プロセスであり，その後1930年代からは経営多角化が主たる成長戦略であった．1945年以降は，多国籍企業の拡大に伴い経営のグローバル化が急速に進展した．チャンドラー (1962) は，巨大企業70社から実証的な研究をもとに組織としての事業部制が，経営多角化の成長戦略のために登場した形態であることを論証した．ここで彼は，経営組織と戦略とは密接な関係にあり，「組織機構は戦略に従う」という命題を提示した．このことは経営戦略ばかりではなく，経営学の諸分野に大きな影響を及ぼしたのであった．

経営戦略の第3の源流は，ビジネス・スクール（MBA）におけるケース・メソッドからの発展である．特に，ビジネス・ポリシーという科目は，ハーバード・ビジネス・スクールを中心に早くから設置された科目である．ハーバード流の戦略についての考え方や策定方法は，企業の成功と失敗の実例を分析し，とられるべき意思決定のあり方を議論するやり方である．この流れは，経営戦略論の中心的な潮流であり，ホファーとシェンデル（1979），ポーター（1985a, 1985b, 2001）など重要な研究をもたらしている．企業は，環境との間での取引関係によって成立しており，環境に依存した存在である．このなかで，環境との間にどのような関係をつくっていくか，というのが経営戦略の主な問題であった．

(2) 経営戦略論の系譜（1945〜1980年代）

さらに，理論的な研究の中で経営戦略という概念を最初に用いたのは，チ

チャンドラーの『経営戦略と組織』(1962) であろう．この研究では，戦略は戦術と対比され「企業の長期的発展と存続に関わる決定」と定義されている．彼は米国企業4社の歴史的な研究をもとに，事業部制という新しい組織構造がどのようにして出現したかを研究し，事業部制は，事業の多角化という戦略に伴って現れる組織的緊張を解消しようとして生み出される組織構造であるということを明らかにした．ここから「組織機構は戦略に従う」という命題を導いている．この命題は，コンティジェンシー理論へと繋がってゆく．チャンドラーの研究は，経営戦略を主たる研究対象としたものではないが，経営戦略の概念を経営学の理論的な概念として提示したことや組織構造をはじめ，経営管理のあり方を決める鍵ファクターであることを主張したことで画期的な意味をもつ．

経営学の中で，経営戦略の研究を本格的に展開したのがアンゾフの『経営戦略論』(1965) である．彼は，企業の中の意思決定を戦略的決定，管理的決定，業務的決定の3種類に分けている．戦略的決定とは，企業の内部問題よりは外部問題にかかわるものであり，事業（製品市場）構造の選択についての経営である．この中には，企業の目標の決定，経営多角化などの決定が含まれる．管理的決定とは，企業の資源を構造化する決定であり，組織に関する決定と資源に関する決定の2つが含まれる．業務的決定は，資源の利用の効率を最大にするための諸決定であり，予算の配分，生産計画，在庫や販売管理についての決定などが含まれる．彼によれば，戦略的決定は，長期的な簡単に変えることができない決定である．このような決定には，最適化の手法は使えない．このような決定をより合理的に行うために基準を提案した．そのために共通関連性，ジナジー（相乗効果），競争優位性，能力プロフィールなどの鍵概念を生み出し，今日の経営戦略研究に大きな影響を及ぼしている．

その後の代表的な研究としては，ルメルトの『多角化戦略と経済効果』(1974) をあげることができる．彼は，企業多角化のパターンをいくつかに

分け，どの多角化パターンの企業業績が高いかを明らかにしようとした．彼によれば，関連分野に集中的に進出している企業の業績は高かったが，垂直統合や無関連多角化をしている企業の業績はふるわなかった．シナジーが存在するかどうかがこの違いをもたらしたものと推測されよう．経営シナジーに関する嚆矢の研究では，ペンローズの『企業成長の理論』(1959) をもとに，経営資源が鍵概念として用いられ，ヒト，モノ，カネに加えて，情報的経営資源の存在に焦点が合わされた．情報的経営資源とそれがもたらすシナジーが効果的な多角化の程度や方向を決める重要なファクターであることが明らかにされた．伊丹敬之の『新・経営戦略の論理』(1985) は，この情報経営資源の蓄積と利用のダイナミズムに注目し，企業成長のダイナミズムを捉えるためのオーバーエクステンション・モデルを提唱した．これは一種の不均衡発展のモデルで，蓄積された経営資源を超えた新しい事業の追加が，新たな経営資源の蓄積を促し，それが更なる多角化をもたらすというモデルである．このような事柄をダイナミック・シナジーと呼ぶ．吉原英樹の『戦略的企業革新』(1986) の理論は，日本企業の経時的な研究をもとに，このダイナミック・シナジーの実態を明らかにした．このような成長のダイナミズムの研究は，組織論における企業革新の研究と合流しつつある．

1.3 経営戦略の対象領域

　企業の発展を目指すという意味から，経営戦略を考察することは，企業がいかに環境に適合して成長できるか，そのために，企業の環境適応力を考察したり，企業が有する内部資源を財およびサービスの生産に活用して売り上げをどのように伸ばしてゆけるかが重要な問題となる．本節では，まず，企業を取り巻くさまざまな外部環境要因，次に内部資源（経営資源），とりわけ企業発展の源泉であるイノベーションに絞って概観しておきたい．

(1) 経営戦略の意義と企業環境

企業は環境との適合関係で存在しているが，現代企業を取り巻く環境は，常に変化している．

今日の企業環境は"地殻変動"と表現できる程めまぐるしく変化しており，その内容は複雑・多岐にわたっている．たとえば，コンピュータの発達による高度情報化，経済と経営の国際化等，また，企業内部においては，OA（Office Automation）化によるデスクワークの省力化ならびにIT（Information Technology）化による情報通信の多様化，勤労者の価値観の変化，というようにかつてなかった変動に直面している．このような複雑な環境と競争の中で，企業の安定と発展を志向することは困難なことなのである．

現代の経営者の重要な職務は，組織の能力を有効かつ能率的に展開できるように環境の変化が生み出す機会（チャンス）と脅威（リスク）に巧くマッチさせることである．経営戦略において，一般環境要因と問題関連マトリックスによる問題の認識および分析は，企業の内外の変化に対処するための主要なツールである．企業が直面する問題を把握し，的確な行動を起こす前提として，一般環境要因の認識と予測が重要である．このような環境要因を高度に分析する手法やテクニックは，全社レベルの環境分析が，ホファーとシェンデル（Hofer, C.W. and Chendell, D., 1978）から始まり，個別の製品分野，競争業者の分析はポーター（Porter, M. E., 1980, 1985a, 1985b）などに漸次移行していくのが一般的といわれる．特に，予測は全般的な，中・長期にわたる変化のパターンを明らかにし，戦略を立案するための重要な鍵概念である．

戦略的に重要な一般環境要因を示せば，図表1-3のようになる．ここで注意しなければならない点は，企業の直面するさまざまな環境要因に惑わされることなく，一般環境変数の数量が重要ではないのであり，大事なのは，その内容であり影響力の大小である．

図表1-3　一般環境諸要因一覧

経済的条件	人口統計的傾向	技術変化	社会―文化的傾向	政治―法律的要因
GNP傾向 利子率 マネーサプライ インフレ率 失業率 賃金／価格統制 通貨切下げ／切り上げ	出生率 人口における年齢分布 平均寿命 出生率	政府による研究開発総支出額 民間の研究開発総支出額 技術努力の焦点 特許 ITの利用可能性	高等教育の普及度 社会的・文化的トレンド 余暇 レジャー グローバルスタンダード CSR	独占禁止法規則 環境保護法 租税法 特別景気刺激策 海外貿易規制 商法・会社法

出所）ホファー&シェンデル，1978を著者が修正

　このような指標は，一般にマクロ環境情報と呼ぶことができる．環境情報は，マクロ環境情報と技術市場環境情報とに分けられる．マクロ環境情報とは，企業を取り巻く国内外の一般環境に関する情報で，政治的・経済的・文化的・自然的環境に関する情報である．たとえば，インドネシアの森林火災は，エルニーニョ現象から大気と海流の流れが変化して発生したといわれる．このエルニーニョ現象（南米のペルー沖で熱水帯が発生すること）が，黒潮の流れを変えて冷夏をもたらし，これが原因でビールの消費量が減少したり，エアコンが販売不振に陥ったり，稲作に影響が出たりする．また，わが国を含めた金融危機は，深刻な経済不況を招き，企業の倒産と大量解雇という深刻な社会問題へと発展したりした．これに関連して，ドル高円安という為替レートの変動は，海外に現地生産で進出した企業にとって現地生産のメリットが消えるとともに，資本撤退がむずかしくなり巨額の不良債権を抱え込むようになったりする．

　また，少子高齢社会を迎えるわが国では，老人の介護の問題やホームヘルパーのような在宅介護サービスに対する需要を生み出し，いわゆるシルバー産業の市場を生み出すと考えられる．このような長寿社会では，医療の民営化や個人年金制度というような国や地方公共団体に頼らずに，適切なサービ

スを提供しうる仕組みと自己責任によるキャリア設計がもとめられると予想できる．その意味では，戦後われわれが依拠してきた政治・経済システムの再検討が求められている．

　さらに，近年の科学技術の発達は，新しいビジネスモデルや産業の発生を促し，従来の技術を陳腐化させる可能性をもっている．その筆頭にコンピュータを利用した通信情報ネットワークの構築があげられる．すなわち，これまでの重厚長大型産業から軽薄短小型への産業ならびに企業組織へと次第に移行している．そのことは範囲の経済を主体とした経営体制から連結（ネットワーク）の経済をベースとした経営へと移ってきていることを示している．また，マクロ経済の観点からもさまざまな改革や規制緩和が行われ，企業活動の拡大と新ビジネスの創出がある反面，未曾有の競争をグローバルな環境で経験する事態に立ち至っている．

　一般に，今日直面している企業環境は，不確実性が高く，非連続的であり，柔軟／迅速な対応が要請される．これらの諸変数を分析し，企業を取り巻く環境の傾向性を把握できれば有効な意思決定を行うことが可能となる．すなわち，企業の外部環境に対して積極的に問題を発見しそれに対処すれば，企業は成長を遂げることができる．ここに経営戦略における外部環境分析の重要性が存在し，その認識と分析手法が伸展する所以がある．

(2) 経営資源の有効活用

　経営戦略におけるもっとも重要な視点は，自社の事業や製品に対する資源配分である．特に複数の事業をもつ企業の場合は，個々の事業の成否だけではなく，全社的な視点で適正な資源配分を考える必要がある．特定の事業に資源を注ぎ込みすぎると，他の事業で資金や人材が不足し，うまく運営できなくなり，経営基盤の脆弱化につながりかねないからだ．適正な資源配分を行うためには，まず各事業の現在の状況を明らかにしたうえで，事業目的の設定や投資方針の決定を行う必要がある．また，どのような事業を組み合わ

せるとよいかという判断も重要である．

　不足している経営資源や能力は，社内で育成する以外に，他企業を買収して取り込む方法や，アライアンス（提携・協力）やアウトソーシングなどのように外部資源を用いて補完する方法がある．このアウトソーシングといえば，以前は元請けや下請けのような上下関係によるものや，周辺業務などの利用に限られていた．しかし最近では，人事や経理などの管理業務から，製造，物流，研究開発，営業販売に至る幅広い機能を外部に委託する企業が増えている．そこには，コスト削減効果はもちろんのこと，自社で行うよりも高い付加価値が享受できるという戦略的判断が働いている．その一方で，外部資源の利用には，情報流出のリスクや，社内にノウハウが蓄積されないといったデメリットも存在する．経営のスピードや高い効率性が求められる競争環境においては，自社に必要な機能や能力を十分に見極めることと，メリットとデメリットを考慮しながら外部資源の有効利用を考えることが重要である．

(3) イノベーションに関する研究

　企業が外部環境を分析し，次に内部分析を行う．これによって企業内部の資源や能力が分析される．競合企業の行動に対応するために，それを凌ぐ何らかの高い能力が必要とされるが，その能力を生み出すプロセスが広義のイノベーションである．イノベーションとは革新を意味しており，技術革新だけを意味しているのではなく，広く経済的な成果を生み出す源泉といえよう．

　イノベーションという概念は，シュンペーター（Schumpeter, J. A., 1926）に端を発している．彼は，経済体系を新たな均衡へとダイナミックにシフトしていくエネルギーをもつ企業家が引き起こすイノベーションについて論じた．企業家という供給サイドの視点から経済発展や経済変動を論じたのである．

また彼は,「生産要素の新結合」を通じて引き起こされる非連続な経済発展に着目した．新結合を遂行することがイノベーションであり，新結合には，①新しい財貨の生産（新製品開発），②新しい生産方法の導入（新生産技術開発），③新しい販路の開拓（新市場開発），④原料や半製品の新しい供給源の獲得，⑤新しい組織の実現の5つの場合がある，と主張した．

そして成功する先駆的企業家の出現は，他の数人の企業家を生み，さらには多数の能力に乏しい追随的企業家を生み出す．シュンペータは，企業家によるイノベーションの群生的出現による好況を説明している．

イノベーションについては，ドラッカー（1993）がさまざまな企業の事例をベースに説明を行っている．ベンチャー企業により新たな雇用が生み出されていく企業家経済のみならず，連邦政府や州政府が事業内容を定め必要な資金を出している公民パートナーシップ（public private partnership）の重要性についても述べている．

イノベーションが不可避の状況では，何もしないことのリスクは大きいとし，挑戦する経営のための啓蒙を行っている．そして，イノベーションのための7つの機会を整理している．①予期せぬことの生起，②ギャップの存在，③ニーズの存在，④産業構造の変化，⑤人口構造の変化，⑥認識の変化，⑦新しい知識の出現，である．ただ，ドラッカーのこうした分類は有益であるものの，どのようにイノベーションを引き起こすかという理論は必ずしも明確化されていない．

野中郁次郎（1995）は，イノベーションを起こす組織について考えるために，組織的知識創造の理論を打ち出し，知識のスパイラル構造を示している．野中は，言葉で伝えることが困難な個人的知識「暗黙知」と言語により伝達できる知識「形式知」の相互循環を通じて知識が創造されていくという理論を提唱している．暗黙知から暗黙知への変換（共同化），暗黙知から形式知への変換（表出化），形式知から形式知への変換（連結化），形式知から暗黙知への変換（内面化）に分類し，これらのスパイラルを想定している．

野中は，その他，① 意図，② 自律性，③ ゆらぎと創造的なカオス，④ 冗長性，⑤ 最小有効多様性，の5つを知識スパイラル促進要因としている．知識スパイラルを動かすのは組織の意図でありビジョンである．個人に自律性があれば，個性や多様性が発揮される．

ゆらぎは完全な無秩序ではなく，新しいコンセプトを創り出すことを可能にする．冗長性とは，組織メンバーが当面不要な情報を重複して保有していることである．最小有効多様性とは，複雑な環境に対応するために多様性を組織内部にもち，組織メンバーが多様な視点をもつことである．

他方，野中理論を実践の場で生かすには，知識創造のスパイラル構造とイノベーション創出の関連性について，さらなる明確な論理的因果関係を明示していく必要がある．イノベーション創出の経験があり，現場において暗黙知を形式知化する分野に強い研究者が登場しその部分を埋める必要がある．

1.4 経営戦略の理論体系

(1) 経営システムの系譜

経営戦略論の理論体系をアンゾフ（1984）は，経営システムの流れとして次のように整理している．経営システムの流れの中で，戦略論の研究は非常に新しく，前述のように1950年代後半に台頭してきた「長期経営計画」が出発点である．この長期経営計画は「OR」や「システムズ・アプローチ」といった計量分析をベースに企業の資源配分を計画的に実施して目標を達成しようとするものである．外部環境は比較的安定しており，この環境の非連続性を正確に予測することが，企業の成長の成否に大きな影響を及ぼしたのがこの時代の特徴である．1960年代になると，アンゾフの『企業戦略論』(1965) に代表されるように戦略プランニング（Strategic Planning）の研究が進められ，経営計画の中に戦略的イシューを導入するようになった．ここで既知の脅威と機会を分析し，環境からの影響力を企業成長の発条とする発想のもとに実践的な研究が進められた．1970年代以降，経営の比較研究や実

証研究が重視され，理論構築のみではなく，それをいかに現実の経営に適合させるか，また，いかに現実から学習するかというトータルなマネジメントが要請されるようになってきた．とりわけ，多角化した事業活動をいかにして管理していくかという問題が重要な課題であった．それらの要請に応えるというかたちでボストン・コンサルティング・グループ（B. C. G.）のプロダクト・ポートフォリオ・マネジメント（PPM）やGE社のビジネス・スクリーンなどが開発された．PPMは，企業活動が複数の事業（SBU）からなるポートフォリオと考え，企業の成長と存続はこの事業の更新と経営資源の適切な展開にあると捉える点に特徴がある．

PPM分析は，市場成長率と自社の事業の相対的なマーケット・シェアという2つの基準から個々の事業の戦略（投資拡大，撤退，現状維持，投資回収）を決定するフレームワークを提供する．事業成長率は，事業資金ニーズの代理変数であり，相対シェアは事業の資金供給の代理変数である．この根拠は，経験曲線（experience curve）であり，経験曲線は，累積生産量の増加とともに平均生産費用が逓減することを示す．この理論は，ホファーとシェンデル（1978）によってプロダクト・ライフ・サイクルを組込んだ製品／市場ポートフォリオ・マトリックスへと展開され，戦略策定と分析の主要なツールとして実践的な経営活動に大きなウェイトを占めるようになった．PPMの登場により，新たな戦略策定の手法が開発され，1970年代には分析的戦略策定の全盛期が到来したのである．そして，ピーターズとウォーターマンの研究である『エクセレント・カンパニー』（1982）は，優良企業の特徴をコンサルタントとしての実務経験から意味づけたのであった．彼らの研究活動の他には，経営戦略論の理論と実践から，より普遍的かつ具体的な方法を求めた現れとして，経営の国際的比較の問題や経営移転の成否の戦略的な要因の研究等があげられる．

前述のアンゾフによると，将来の予見可能性が「新奇の非連続性」に位置する1980年代，戦略イシュー経営（strategic issue management）や戦略的経

営 (strategic management) などが登場した．現代の経営戦略論の議論は，ミンツバーグ (1999) が示すように多様なパースペクティブによる研究が始まり，10の学派に分かれ，より詳細な展開がなされている．

戦略に関する10学派（スクール）
① デザイン学派：コンセプト構想プロセスとしての戦略形成
② プランニング学派：形式的策定プロセスとしての戦略形成
③ ポジショニング学派：分析プロセスとしての戦略形成
④ アントレプレナー学派：ビジョン創造プロセスとしての戦略形成
⑤ コグニティブ学派：認知プロセスとしての戦略形成
⑥ ラーニング学派：創発的学習プロセスとしての戦略形成
⑦ パワー学派：交渉プロセスとしての戦略形成
⑧ カルチャー学派：集合的プロセスとしての戦略形成
⑨ エンバイロメント学派：環境への反応プロセスとしての戦略形成
⑩ コンフィギュレーション学派：変革プロセスとしての戦略形成

(2) 企業間マネジメント理論

　企業間をまたがるマネジメント理論は，現在，全体の枠組みを整理するために複数の理論が目的にあわせて利用されており，ある企業の視点での有効なシステムと効率的なシステムとのバランスをとることはできる．企業間をまたがる有効性の実現を目指す研究についての理論的な検討は，はじまったばかりである．古典的な見解の1つは，アンソニー (Anthony, R.N.) の主張で，有効性と効率性は，前者は，組織目的達成をさし，後者は，資源消費の能率性を意味して定義されている．しかし，企業間にまたがる有効性は，経済学でいう資源の全体最適な配分という意味での社会システムの有効性の検証を前提にしないとしても，企業間でのそのシステムが短期でない競争優位性の獲得・維持・強化であるとすると，それをどう評価できるか，現在のところ最適な尺度はないというレベルである．

クーパー（Cooper, R.）らにより，コスト・マネジメントからの視点についてトヨタ自動車を中心にしたリーン生産方式の研究がある．まず，「製品開発において企業間シナジーを利用すれば，製品原価を低減できるか」，次に，「製造において企業間シナジーを利用すれば製品原価は低減できるか」，最後に，「企業間のバイヤー・サプライヤーはいかにしてインターフェイスをより効率的にできるか」という問題意識ですすめられている．このクーパーの研究においても，全体の効果的なバリューチェーンの構築に必要な理論ではなく，その検討は，ある企業を前提にしたロジスティクス・製造・開発原価の最適化の問題であり，バリューチェーンの戦略的コスト・マネジメントの研究課題は多岐にわたるという状況である．

(3) 環境ベースビューと資源ベースビュー

次に企業間理論として，戦略論から検討する．経営戦略論は，環境ベースビュー（EBV: Environment Based View）と資源ベースビュー（RBV: Resource Based View）の2つに大別される．前者の代表がポーター（Porter, M. E.）の競争戦略論である．ポーターの理論は外部環境要因に力点を置き，経営環境を5つの競争要因から分析し，競争優位性を実現するために自社をいかにポジショニングするかを考える．後者の代表がバーニー（Barney, J. B.）で，競争優位の源泉はリソースやケイパビリティにあるとする[3]．

この2つの異なる視点は互いに相反するものではなく，「資源と環境はコインの表裏だ」といわれる．ワーネルフェルト（Wernerfelt, 1984）によると，優れたリソースの保有者はポジショニングにより先行者優位性を得ることができ，飛び石的に他の市場へ展開していく戦略（stepping-stone strategy）により，長期的な優位性を得ることができるとしている．弱みを克服して脅威に対抗するなど，戦略アイデア創出のために用いられるSWOT分析のフレーム自体も，両者がコインの表裏であることを裏付けている．

環境ベースビュー（EBV）戦略論で重視されるのは，「価値」の創造であ

る．ポーターの価値についてのステートメントにおいて企業が創造する価値は，買い手が製品またはサービスに対して喜んで支払う金額の全体によって測定できる[4]．ポーターは，競争優位性は基本的に差別化かコスト優位の戦略オプションによって実現できるという．2つの方策は基本的にトレード・オフであるが，戦略の側面から差別化をはかり，オペレーションの側面からコスト優位性がとれればこのトレード・オフは解決する．

　資源ベースビューでは，リソース（内部資源）に焦点を当てる．リソースとは，すなわち，タンジブルな資産（財務的，物的），インタンジブルな資産（技術，評判，文化），人的資源（スキル，ノウハウ，コミュニケーション力，コラボレーション力，動機づけ）の3つをいう．重要なこととしては，こうしたリソースのみで競争優位を獲得することはできないということである．

　リソース，ケイパビリティ，コア・コンピタンスと競争優位性がどのように関係づけられるのかについては，バーニーはVRIOと呼ばれるフレームで説明している．まず，競争優位を実現するためには，リソースに価値があること（V : valuable resources），稀少であること（R : rare resources）が条件となり，それが持続性をもつためには，模倣できないこと（I : imperfect imitable resources），組織（O : organization）が必要だとする．資源ベースビュー（RBV）では稀少性と価値は競争優位性の必要条件，そして模倣性，非代替性，非転換性が，持続的競争優位性の必要条件とみるが，競争優位性を持続させることの困難性を指摘している．競争優位が持続できないような阻害要因には次のようなものがある．

① 不連続的革命：音楽のネット配信という予想不能で急激な大変動が起こり，それによる環境の変化のために持続的競争優位性を維持することができない．

② マネジメントへの影響：価値あるリソースを自身で構築できれば競争優位性は持続的となるが，他から調達する場合には，他社も同等のものが獲得

できるという点で持続的ではない．もし他の企業がコスト面で不利にならずに価値あるリソースを構築または獲得できるなら，そうしたリソースは模倣可能となり，長期的には同等の競争価値の源泉にしかなり得ない．
③ 分析単位とデータ：企業の強みと弱みの分析では，企業内部のリソースやケイパビリティに関するデータを必要とするが，概してそれらにアクセスすることは困難である．

　ポーターの定義では，価値と競争優位性のことばの違いは明確であるが，資源ベースビューではこの違いが不明瞭だといわれる．結局，価値とは効率性（efficiency）と有効性（effectiveness）を増加させることで，それは競争優位性の実現と同じことを示している．

　また，デル，ウォルマート，サウスウエスト航空，日産自動車のように，あまりに多くの脅威に囲まれ，非常に限られた機会しか存在しない業界にあっても，非常に高いパフォーマンスをあげている企業が存在する．この事実は，業界の競争環境だけが企業の潜在的な収益性を決定する要因ではないことを示唆している．企業のパフォーマンスを理解するためには，企業の外部環境に存在する機会と脅威の分析を超えて，個別企業が保有する独自の強みや弱みを分析しなければならない．

　企業固有能力（distinctive competencies）とはその企業がいかなる競合他社よりもうまくやることができる行動のことである．企業の強み・弱みは企業固有能力に依拠しているとする研究である．すなわち，経営者が企業固有能力の源泉だとする考え方は，経営者が企業のパフォーマンスに大きなインパクトをもっていると仮定する．要するに，経営者の質が企業パフォーマンスを決定するという考え方である．この理論の限界は，「質の高い」経営者がもつべき特質・属性とは何なのか，特定することがむずかしいことであることと，経営者だけが組織の強み・弱みの源泉ではないことである．この研究は，企業の変革をつかさどる経営者のリーダーシップの問題として注目されており，多面的に人間の可能性に対する新たなフロンティアを切り開く可

能性を示唆していることを看過してはならない．

注)
1) 軍事戦略が理論的に研究され始めてわずかに 2 世紀，経営戦略論に至っては20世紀も後半に入ってからであるが，「戦略」という用語そのものは紀元前から使用されている．これを初めて使ったのは，ギリシャのクセノフォン（BC4世紀）であったと伝えられる．戦略（ストラテジー）は古代ギリシャ語の Strategos（将軍）から由来したとされる．英米語で Strategy，独語で Strategie と表記されているが，その語源は古代ギリシャ語の Strategia であり，将軍の地位，職務を示しているとされる．すなわち戦略とは，語源的には将軍の術を意味したといえよう．日本語の「戦略」という用語がわが国で初めて使われたのは，17世紀の山鹿素行の軍学書においてであったとされている．
2) 1960年代のアメリカ経営学をクーンツは，6 つの学派に分類した（鈴木英寿『経営の統一理論』1968年）が，経営学の学派は，まさにマネジメント・ジャングル（Management Jungle）の状況であった．①管理過程学派，②経験学派，③人間行動学派，④社会体系学派，⑤意思決定論学派，⑥数理学派．また，後の再考において，経営学の学派は11学派に増加していて，今日も増加の傾向が続いている．
3) Barney, Jay B., *Gaining and Sustaining Competitive Adcantage*, Addison-Wesley Pub. pp. 150-173, 1996.（岡田正大訳『企業戦略論』ダイヤモンド社，2003年）
4) Porter, M.E. et al., *Competitive Advantage*, The Free Press, 1985.（土岐坤他訳『競争優位の戦略』ダイヤモンド社，1985）

◆参考文献
Abell, D.F., *Defining the Business : The Starting Point of Strategic Planning*, Prentice-Hall, 1980.（石井淳蔵訳『事業の定義』千倉書房，1984年）
Ansoff, H.I., *Corporate Strategy*, McGraw-Hill, 1965.（広田寿亮訳『企業戦略論』産業能率短期大学出版部，1969年）
Ansoff, H.I., *Implanting Strategic Management*, Prentice-Hall, 1984.
Anthony, R.N., *Management Control in Nonprofit Organizations*, Irwin, 1988.
Barney, Jay B., *Gaining and Sustaining Competitive Advantage*, Addison-Wesley Pub., 1996.（岡田正大訳『企業戦略論』ダイヤモンド社，2003年）
Chandler, A.D.Jr., *Strategy and Structure*, Cambridge Mass : M.I.T. Press, 1962.（三菱経済研究所訳『経営戦略と経営組織』実業之日本社，1969年）

Clausewitz, Carl von., *Vom Kriege*, 1942. (篠田英雄訳『戦争論』岩波文庫, 1968年)

Cllins, J.C. and Porras, J.I., *Built to Last*, Curtis Brown, 1994. (山岡洋一訳『ビジョナリー・カンパニー』日経 BP 出版センター, 1995年)

Cooper, M.C. and Ellram, L.M., "Characteristics of Supply Chain Management and Implications for Purchasing and Logistics Strategy", *International Journal of Logistics Management*, Vol.4. no2., 1993, pp. 13-24.

Drucker, P.F., *Innovation and Entrepreneurship*, Harperbusiness, 1993. (上田惇生訳『「新訳」イノベーションと起業家精神〈上下〉その原理と方法』ダイヤモンド社, 1997年)

Hammel, G. and Praharad, C.K., *Competing for the Future*, Harvard Business School Press, 1994. (一條和生訳『コア・コンピタンス経営』日本経済新聞社, 1995年)

Hoffer, C.W. and Schendel, D., *Strategic Formulation : Analytical concepts*, West Publishing Co.,1979. (奥村昭博・榊原清則・野中郁次郎訳『戦略策定』千倉書房, 1981年)

石井淳蔵・奥村昭博・加護野忠男・野中郁次郎『経営戦略論(新版)』有斐閣, 1996年

伊丹敬之『新・経営戦略の論理――見えざる資産のダイナミズム』日本経済新聞社, 1985年

伊丹敬之「イノベーションにおける偶然と必然」今井賢一編著『イノベーションと組織』東洋経済新報社, 1986年.

加護野忠男・野中郁次郎・榊原清則・奥村昭博『日米企業の経営比較』日本経済新聞社, 1983年

Koontz, H. (ed.), *Toward a Unified Theory of Management*, New York : McGraw-Hill, 1964. (鈴木英寿訳『管理の統一理論』ダイヤモンド社, 1968年)

Koontz, H., "The Management theory Jungle Revisited," *Academy of Management Review*, 5, 1980, pp. 175-187.

Mintsberg, H., Ahlstrad, B. and Lampel, J., *Strategy Safari : A Guided Tour Through the Wilds of Strategic Management*, Free Press, 1998. (斎藤嘉則監訳『戦略サファリ』東洋経済新報社, 1999年)

Nonaka, I. and Nisiguti, T., *Knowledge Emergence : Social, Technical, and Evolutionary Dimensions of Knowledge Creation*. Oxford Univ. Press, 1995.

Penrose, E.T., *The Theory of the Growth of the Firm*, Basil Blackwell, 1959. (末松玄六訳『会社成長の理論』ダイヤモンド社, 1980年)

Peters, T.J. and Waterman, Jr. R.H., *In Search of Excellence*, New York :

Harper & Row, 1982.（大前研一訳『エクセレント・カンパニー――超優良企業の条件』講談社，1983年）

榊原清則『企業ドメインの戦略論』中公新書，1992年

吉原英樹『戦略的企業革新』東洋経済新報社，1986年

Porter, M.E., "How Information Gives You Competitive Advantage", *Harvard Business Review*, V63, 1985, pp. 149-160.

Porter, M.E., *Competitive Advantage*, The Free Press, 1985..（土岐坤他訳『競争優位の戦略』ダイヤモンド社1985年）

Porter, M.E., "Strategy and the Internet", *Harvard Business Review*, March, 2001, pp.67-78.

Rumelt, R.P., *Strategy, Structure and Economic Performance*, Division of Research, Harvard Business School, 1974.（鳥羽欽一郎・川辺信雄・熊沢孝訳『多角化戦略と経済成果』東洋経済新報社，1977年）

Schumpeter, J.A., *Theorie der Wirtschaftlichen Entwicklung*, 2nd ed.,1926.（塩野谷祐一訳『経済発展の理論――企業者利潤・資本・信用・利子および景気の回転に関する一研究〈上・下〉』岩波文庫，1974年）

土屋守章『企業と戦略――事業展開の論理』日本リクルート，1984年

Wernerfelt, B., "The Resource-Based View of the Firm: Ten Years After", *Strategic Management Journal*, Vol.16, 1995, pp. 171-174.

Williamson, O.E., *Markets and Hierarchies*, The Free Press, 1975.

第 2 章

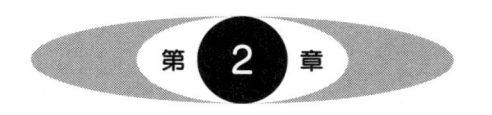

製品市場戦略と多角化

2.1 製品市場とマトリックス

　アメリカでは1960年代に企業買収がさかんになり，買収による多角化戦略がよくみられるようになった．同時に独占禁止法が強化されたため，異業種の買収もさかんになり，コングロマリット的多角化も目立つようになった．このような現実を背景に，1960年代から70年代にかけてアンゾフ（Ansoff, H.I. 1965），チャノン（Channon, D.F. 1973），ルメルト（Rumelt, R.P. 1974）などの多角化についての研究成果が発表された[1]．

　しかし，河野豊弘によれば，1980年代になると多角化の欠点が目立つようになったため，シナジー（synergy）が重視されるようになり，こうした視点に立つピーターズとウォーターマン（Peters T.J. and Waterman, R.H. 1982）らの研究が注目されるようになった．本章では，初期の多角化理論として知られている，アンゾフの多角化戦略理論からみていくことにする．

　アンゾフは多角化を企業の成長戦略の1つとしてとらえ，成長ベクトル（図表2-1）を提唱している．事業を市場と技術によって定義し，市場を既存市場と新規市場に，技術を既存技術と新規技術とに分けると企業の製品・市場戦略は4つから構成されることになる．

　企業が製品も市場も変えることなく成長を目指そうとするのが市場浸透（market penetration）戦略である．「① 現在の顧客が製品を購入する頻度と量を増大させる，② 競争相手の顧客を奪う，③ 現在製品を購入していない人々を顧客として獲得する」[2]などの方法で成長を目指す戦略である．

図表 2-1　成長のベクトル

製品（技術）

	既　存	新　規
市場　既存	市場浸透戦略	製品開発戦略
市場　新規	市場開発戦略	多角化戦略

出所）Ansoff, H.I., *Corporate strategy*, McGraw-Hill, 1965.（広田寿亮訳『企業戦略論』産業能率短期大学出版部，1969年）

　既存の製品を新しい市場で販売し，成長していこうとするのが市場開発（market development）戦略である．企業はこれまで販売してこなかった地域に既存の製品の売り込みをはかる，あるいは，既存の製品の仕様を少し変えて，これまでとは異なる年齢層に売り込みをはかるなどの方法で販売高を増やしていく．

　これに対して，従来と同じ顧客に新しい製品を販売することによって成長していこうとする戦略は製品開発（product development）戦略と呼ばれる．製品開発には技術革新によって製品の品質を向上させたり，新しい機能を付け加えたりする方法がある．

　そして最後に，新しい製品（技術）で新しい市場を開拓する多角化（diversification）戦略がある．多角化戦略は企業が製品と市場の両方において事業領域を拡大することによって成長しようとする戦略である．

　企業が多角化戦略をとる理由には，①未利用資源の有効活用，②魅力的な事業の発見，③既存事業の衰退，④リスク分散，⑤シナジー効果の追求などをあげることができる[3]．製品にはライフサイクルがあるため，現在成長し，利益を獲得している事業でもやがて衰退していくことになる．そこで，企業が単一の事業に依存している場合にはこの事業の衰退と同時に企業も衰退していかざるをえない．多角化戦略を取る企業は，一部の事業が衰退

していく場合でも，他に成長事業をもっていれば，企業の成長を維持することができる．また一部の事業において不況で業績が悪化した場合でも，不況の影響を受けない事業をもつ場合には企業全体の業績が悪化することを防ぐことができ，リスクを分散することができる．企業が多角化戦略をとる最も重要な理由は，シナジー効果を高めることである．シナジー効果はいくつかの事業が経営資源の共有や相互補完によって経営効率を高め，したがって業績を高めることができる効果のことである．

2.2 多角化のパターンと業績

多角化にはどのような種類があるのであろうか．吉原英樹らは多角化をベースとした企業戦略を7つに分類している[4]．多角化の程度が最も低いタイプは専業型（Single）と呼ばれる．最大の売上高をもつ事業がその企業の売上高のほとんどを占めているような企業である．多くの製品をもつが，製品分野が素材・加工・最終製品の長い生産工程でつながっているような企業は垂直統合型（Vertical）と呼ばれる（図表2-2参照）．

製品分野に上述のような関連をもたないものを吉原らは多角化と呼び，それを本業中心型（Dominant），関連型（Related），非関連型（Unrelated）の

図表2-2　多角化の戦略タイプ

1．専業戦略（S：Single）
2．垂直的統合戦略（V：Vertical）
3．本業中心多角化戦略（D：Dominant） 　①集約的なもの（DC：Dominant-Constrained） 　②拡散的なもの（DL：Dominant-Linked）
4．関連分野多角化戦略（R：Related） 　①集約的なもの（RC：Related-Constrained） 　②拡散的なもの（RL：Related-Linked）
5．非関連多角化戦略（U：Unrelated）

出所）吉原英樹・佐久間昭光・伊丹敬之・加護野忠男『日本企業の多角化戦略』日本経済新聞社，1981年，14ページ

3つに分類している．本業中心型とは企業全体の売上高の大部分を占めるような事業をもち，かつ多少の多角化をしているケースであり，関連型は本業といえるような比重の大きい分野が1つあるわけではないが，ほとんどの事業が市場や技術などに関して何らかの関連をもっているケースである．非関連型は技術・市場などの関連をもつ事業をほとんどもたないケースである．

　本業中心型と関連型にはさらに集約型と拡散型の2種類があるため，多角化のタイプは5つに分けられる．集約型は事業分野間の関連が網の目状に緊密にあるもので，少数の種類の経営資源をさまざまな分野で共通利用するような多角化のタイプである．拡散型は，さまざまな経営資源が企業内に蓄積され，緊密な共通利用関係をもつものではない．拡散型の典型は，保有する経営資源をテコに新分野に進出し，その新分野で蓄積した経営資源をベースにさらに新しい分野に進出するというパターンである（図表2-3）．

　吉原らは日本企業106社を対象に，多角化の度合いと企業成長の関係についての分析を行った．すなわち，この106社を低度多角化グループ（専業型S，垂直型Vがこれに当たる），中度多角化グループ（本業・集約型DC，本業関連型DL，関連・集約型RC），高度多角化グループ（関連・拡散型RL，非関連型u）の3つに分け，それぞれ企業成長との関係を分析した．その結果，多角化度の変化量（ΔDI）の関数は3つのグループの間で大きく

図表 2-3　集約型と拡散型

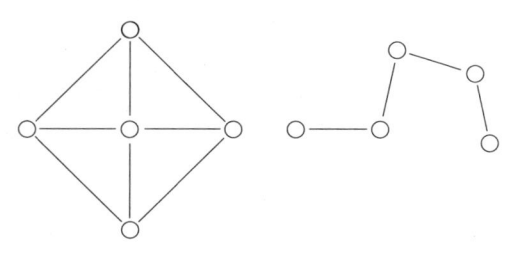

集　約　型　　　　　　　拡　散　型

出所）図表2-2に同じ，15ページ

図表2-4　多角化と企業成長の回帰分析

変　数 \ サンプル（企業数）	全体 (106)	低度多角化グループ (39)	中度多角化グループ (32)	高度多角化グループ (35)
多角化度指数の変化（ΔDI）	0.030 (0.93)	−0.088 (1.42)	−0.074 (0.93)	0.127[a] (2.91)
多角化度指数（DI）	0.053[a] (2.73)	0.032 (0.72)	−0.005 (0.09)	0.078[c] (1.87)
投下資本収益率（ROC）	0.201[a] (3.23)	−0.012 (0.08)	0.223[b] (2.59)	0.326[a] (3.17)
企業規模（X_S）	0.047 (0.13)	1.680[b] (2.63)	0.475 (0.47)	−1.258[a] (2.73)
産業成長率（X_G）	0.543[a] (5.08)	0.033 (0.13)	0.751[a] (4.61)	0.621[a] (3.71)
定　数	6.916	−2.698	−6.200	20.374
$\overline{R}^2$	0.309	0.199	0.483	0.531

注）1．カッコ内は t 値
　　2．回帰の従属変数は売上成長率（GSL）
　　3．a：1％で有意　b：5％で有意　c：10％で有意
出所）図表2-2に同じ，156ページ

異なっており，高度多角化グループだけで有意な正の係数が出た．すなわち，追加的な多角化度の増大が企業成長の増大に有意に結びついているのは高度多角化グループだけであった．低度多角化，中度多角化の2グループは，係数は有意ではないが負の符号をもつ．つまりこの2つのグループの企業では，追加的な多角化度の増大は企業成長にとって促進要因ではなく，むしろ阻害要因であった．

また，状態としての多角化度（DI）の企業成長への影響は，低度多角化，中度多角化グループにおいて有意なものではなく，高度多角化グループだけが，多角化度が成長率の有意な要因，しかも促進要因となっていた．

以上の分析の結論は，多角化の程度が高くないときは，追加的な多角化度の増大は企業成長をもたらさないのに対して，すでに高度に多角化している企業においては，追加的な多角化度の増大は企業成長率を有意に高める，と

図表 2-5　戦略タイプの経営成果の日米比較

経営成果 戦略タイプ	投下資本収益率 (ROC) 日本	米国	自己資本利益率 (ROE) 日本	米国	売上成長率 (GSL) 日本	米国	利益成長率 (GER) 日本	米国
垂直型 (V)	-2.24	-2.28	-1.79	-2.46	-1.76	-1.59	-0.25	-1.38
専業型 (S)	0.57	0.29	1.08	0.56	-0.99	-1.84	-5.14	-3.91
本業・集約型 (DC)	4.28	2.19	1.50	2.27	-1.36	0.47	-0.01	0.36
本業・拡散型 (DL)	-0.88	-1.83	1.49	-2.36	0.87	-2.08	-1.56	-0.62
関連・集約型 (RC)	2.67	1.45	1.77	1.47	2.55	0.61	3.18	1.67
関連・拡散型 (RL)	-1.14	-0.09	-0.89	-0.36	1.25	-0.95	3.05	-1.57
非関連型 (U)	-2.26	-1.12	-1.67	-2.26	0.14	-2.91	1.17	-0.94
全体平均	13.13	10.52	10.78	12.64	14.59	9.01	11.56	8.72
F検定の限界有意水準	0.03	0.001	0.1	0.005	0.02	0.05	0.01	0.1
二国間の相関係数	0.92[a]		0.65[c]		0.24		0.71[b]	

注）1．米国企業のデータは Rumelt〔1974〕
　　2．各戦略タイプの成果は全体平均からの偏差で示してある
　　3．a：1％で有意　b：5％で有意　c：10％で有意
出所）図表 2-2 に同じ，160ページ

いうものである．

　次に吉原らは多角化と経営成果との関係についても分析し，アメリカ企業に関して同様の分析を行ったルメルトの調査結果と比較している（図表2-5）．それによると収益性については日米の類似性は大きいのに対し，売上成長率については相違が目立った．売上成長率に違いが出たのは，調査対象期間の両国の経済成長の速度，産業構造の変化の速度の相違からもたらされたのではないかと吉原らは推測する．

　収益性は中度の多角化企業において最も高く，低度・高度の多角化ではそれより低くなっている．すなわち，本業・集約型（DC）と関連・集約型（RC）は日米とも収益性が最も高くなっている．高度多角化企業において収益性が下がってくるのは，「多角化を過度に進めると，過大な資金需要が企業内に生じるが，その資金需要を満たすに足るだけの収益性を維持すること

図表 2-6　多角化と成果（収益性，成長性）の関係についての実証結果の概念図

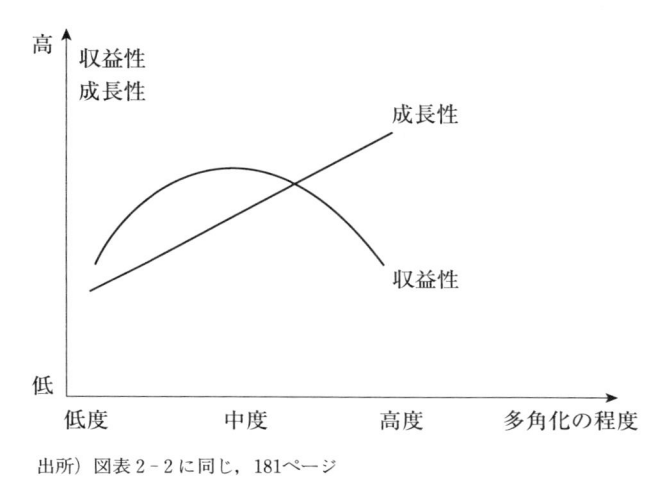

出所）図表 2-2 に同じ，181ページ

は，多角化の進行とともに困難になってくる」[5]ためである．

このように吉原らの調査によれば，多角化の程度が増大するにつれ，成長性は直線的に増大するのに対し，収益性は中程度の多角化までは増大するが，高度の多角化では下がるということが分かる．吉原らの調査から「収益性を高めるためには，コアとなるある種のスキルを中心として関連性の多角化を行う必要があるが，成長性を高めるためには時に基軸をはなれて多角化する必要がある」[6]ということが明らかになる（図表 2-6）．

2.3 多角化の利点と成功を規定する原則

河野豊弘は多角化の利点として，①成長率を高めること，②範囲の経済（economy of scope）を拡張すること，③リスクを分散すること，④税金を減少させること，⑤製品相互の援助（cross-subsidization）により競争上の利点をつくり出すこと，⑥昇進の機会と雇用の安定を高めることなど6つをあげている[7]．

① 成長率を高める

多角化が企業の成長にとって大きな役割を果たすことは，前節のルメルトや吉原らの分析結果からも明らかであるが，河野は日本のカメラ業界を例にあげ，多角化を推進して高い成長率を達成したキヤノンやリコーとカメラのみにとどまったマミヤ光機（倒産）やヤシカ（京セラが買収）を比較している．

② 範囲の経済を拡張する

たとえば5つの事業をもつ1つの企業は，1つの事業をもつ5つの企業の合計よりも少ない費用で運営されるのが普通であるが，この費用節約効果は範囲の経済と呼ばれる．範囲の経済はシナジー効果によって説明される．

企業が複数の製品を製造・販売する場合に，同じ経営資源をいくつかの製品が共に利用できるのであれば，1つの製品を製造・販売するためのコストを引き下げることができ，また品質を向上させることができる．複数の製品が経営資源を共有することから生まれるこのような有利性はシナジー効果と呼ばれるが，多角化によって経営資源を共有する製品の数や比率が高まれば，シナジー効果も高くなる．

経営資源には原材料や販売網などがあるが，知的財産のような経営資源を共有できる場合には，シナジー効果がいっそう高いものとなる．特許やノウハウなどは使っても減少しないので，これらを共有して複数の製品を製造する場合には有利性が高まるためである．

③ リスクを分散する

2つ以上の製品の売上げや利益が相互に無関係に動く場合には，2つ以上の製品をもつことによって売上げや利益を安定させることができる．たとえば，輸出を中心とする製品と輸入して国内販売する製品とを同時にもっている企業の場合，為替レートが円高ドル安になると輸出を中心とする製品は売上げ・利益とも下がるけれども，輸入販売する製品は売上げ・利益とも上昇することが予想される．また景気変動を強く受ける製品とほとんど受けない製品を同時にもつことによっても同様の効果を得ることができる．

④　税金を減少させる

　企業が既存の事業で大きな利益を上げた場合，支払うべき税金も大きなものとなる．そのような場合，企業は新規事業への投資を増大させ，税額を減らそうとすることが多い．企業が既存の事業で利益をあげているうちに，新規事業の種をまき，現在の税金を減らすと同時に将来の利益をもたらす事業を立ち上げていかなければならない．

⑤　製品相互の援助による競争上の利点をつくり出す

　企業がA製品とB製品をもち，B製品が独占的な市場シェアをもち十分な利益を得ている場合，企業はA製品を非常に安く販売し競争相手を市場に参入させない戦略をとることができる．河野はこのような事例として，大型コンピュータや半導体の利益をパソコンに注ぎ，パソコンを非常な低価格・高性能で売り出して，一挙に市場占有率を高めた富士通のケースをあげている．

⑥　昇進の機会と雇用の安定を高める

　多角化によって事業が増えることは，事業部などが増加し，ポストも増加するため昇進の機会が増える．また，上述のリスクの分散により，企業の収益が安定するため，従業員の解雇などを回避することができる．

　次に河野は問題のある多角化として，①成長性のない製品を取り入れて多角化すること，②シナジーがなく競争力がない製品によって多角化すること，③多角化によって力が分散して，本業がおろそかになることの3つをあげている．彼はシナジー効果をもたない多角化によって業績悪化を招いた例としてセゾングループの例をあげている．図表2-7のA群の中核的事業とマーケティング関連のB群はシナジー効果をもつため成功した．

　それに対しC群の関連のない事業はすべて赤字であり，巨額の負債が本業の重しとなった．1988年に21億ドル余りで買収したインターコンチネンタル・ホテルズ社は赤字経営から脱却できず，1998年にバス社に売却する結果となった．この事業への多角化は，セゾングループにホテル経営のノウハウ

図表 2-7　セゾングループの多角化（1995年現在）

A群　中核的事業 ・西武百貨店 ・西友 ・ファミリーマート ・パルコ
B群　マーケティング関連のある事業 ・西洋フードシステムズ ・吉野家ディー・アンド・シー ・クレディセゾン
C群　経営管理能力もマーケティングも中核事業と関係ない事業 ・インターコンチネンタル・ホテルズ（赤字　負債1000億円　売却） ・西洋環境開発（赤字　負債3800億円） ・東京シティファイナンス（赤字　負債7500億円） ・ゴルフ事業（赤字　負債1000億円）

出所）河野豊弘『新・現代の経営戦略―国際化と環境適応』ダイヤモンド社，1999年，55ページ

があったわけではなく，シナジー効果を求めることができなかった典型例であろう．また西洋環境開発はバブル期に不動産開発に進出したが，バブル崩壊とともに巨額の負債を抱えることになり，セゾングループ解体の最大の要因となった．

　河野は多角化の成功を規定する原則として，①製品のライフサイクル，②経験曲線，③シナジーと中核的能力，④分散投資，⑤差別化の原則の5つをあげている．

　製品のライフサイクルには「導入期」「成長前期」「成長後期」「停滞期」「衰退期」などがあることが知られており，ライフサイクルの各期では資金フローや企業の取るべき戦略に相違があることが知られている．したがって，「いろいろなライフサイクルの各期の製品を持って多角化すれば，企業は安定し，リスクの高い新製品を支援しうる」[8]．

　「経験曲線（experience curve）とは規模の利益により，原価は累積生産量が2倍になるとともに20％ないし30％下がるという説である」．企業は市場

占有率を高めることによって累積生産量を高めることができ，コスト面での優位性を確保することができる．

「シナジーと中核的能力」は多角化を成功させるために特に重要な原則と思われるので，次節において詳しく取り上げることにする．

分散投資は多角化の利点の1つとしてすでに述べたように，企業が売上高や利益額が相互に反対に動く，あるいは無関係に動くいくつかの製品をもつことである．たとえば，河野は季節変動に対して売上高・利益が反対，ないし無関係に動く製品として扇風機と暖房機，釣具とゴルフ用品，アイスクリームとチョコレートなどの組み合わせをあげている．

差別化は「品質，ブランド名，デザイン，包装，販売経路，サービスなどによって差をつけて，価格競争を避け，高い価格でも売れるような状態をつくる戦略」のことである．差別化された製品をもつ企業の業績は高いことが知られている．

2.4 シナジーと中核的能力

シナジー効果とは，複数の製品を生産・販売する際に，生産設備や流通網などの経営資源を製品相互が共通利用することによってコストを引き下げ，品質を向上させることができる効果のことである．

河野は，シナジーには製品構成のシナジー，能力のシナジー，業績のシナジーの3つの側面があることを指摘している（図表2-8）．製品構成のシナ

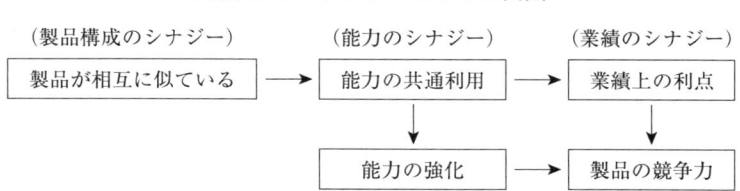

図表2-8　シナジーの3つの側面

（製品構成のシナジー）　　（能力のシナジー）　　（業績のシナジー）

製品が相互に似ている → 能力の共通利用 → 業績上の利点
　　　　　　　　　　　　　　↓
　　　　　　　　　　　　能力の強化 → 製品の競争力

出所）図表2-2に同じ，64ページ

ジーとは，いくつかの製品の間に類似性があることである．そのため，必要とする能力が似ており，そこから能力のシナジーが得られる．能力を共通利用することによって能力の強化が可能になる．

能力のシナジーとは，たとえば，「製品間に研究開発能力の共通性があったり，設備の共通利用が可能であれば，1つの製品をつくる場合だけよりも品質がよくなり，コストが下がりうる」ことである．販売網を共通利用するような場合には，1つの製品だけを販売網に乗せるよりは強力な販売が可能になる．

業績のシナジーとは，製品構成のシナジーと能力のシナジーから最終的にもたらされるものである．河野はこれらの要因の中で能力の共通利用が最も重要であると述べている．彼によれば能力の共通利用には，①生産設備や販売能力の共通利用，②公共財の共通利用，③補完的能力の強化，④時系列のシナジーによる能力の強化の4つがある．

生産設備や販売能力を共通利用することによって，企業は少ない追加費用で新しい製品を生産・販売することができ，また品質も高めることができる．

ここでの公共財とは企業の中に共有されている知識や情報のことである．知識や情報は使用しても減少しないので，追加費用がゼロで利用できるため，これを共有できる製品が多ければ多いほど，競合他社に対する優位性が高くなる．

たとえば，コンピュータと半導体を同時に生産・販売するとき，エレクトロニクスやシステムについての能力，すなわち補完的能力をともに強化することができる．しかも補完的能力が強化されれば中核的能力も強化されることになる．河野は，アイアンのゴルフクラブと高級台所用品とを生産することによって，金属の生産，加工，メッキなどの中核的能力を強化することができた，新潟県燕市の生産者の例を挙げている．

本田技研が2輪車エンジンや車両の生産・販売の能力を利用して4輪車に参入したのは，時系列のシナジーによって能力を強化した事例である．

図表2-9　多角化の成功要因と失敗要因

成功要因	失敗要因
1 ライフサイクル初期の製品を持つ．成長製品を主力製品としている	1 ライフサイクル末期の製品を主力製品とする
2 シナジーのある製品構成で競争力がある	2 本業が弱い．中核的能力がない
3 業績が相互に関係なく動く製品に分散投資している	3 需要変動の大きい業種（造船，工作機械など）に専門化しすぎる
4 差別化されている製品構成を持つ	4 原材料など差別化の困難な製品構成（セメント，非鉄金属など）

出所）図表2-2に同じ，79ページ

　ルメルトや吉原らの調査にみたように，シナジーを基準に多角化を類型化する方法はよく用いられる．それはシナジーが多角化の原理として最も重要であるからである．河野は日本の製造業大企業203社の10年間（1983～1993年）の業績を多角化の類型別に調査した．その結果，「企業の成長率は，マーケティングと技術双方関連の多角化企業が最も高い」ことなど，ルメルトや吉原らの調査とほぼ同様の調査結果が得られた．

　多角化はシナジー効果などによって，企業成長と企業業績に大きな貢献をすることができる．しかしその反面，「資源投入が分散されて，本業がおろそかになる」リスクも合わせもつ．河野は多角化を成功させるためには，次のような製品構成となるように注意を払うことが必要であると主張している．

① 業界の魅力度と自社の競争力からみて，問題製品と花形製品と収穫製品のバランスを保つ．
② 技術関連，マーケティング関連の製品をもつ．
③ 差別化の可能な製品構成をもつ．
④ 業績の動きが反対になるような製品構成をもつ．

注）
1) 河野豊弘『新・現代の経営戦略―国際化と環境適応』ダイヤモンド社, 1999年, 42ページ
2) 石井淳蔵・奥村昭博・加護野忠男・野中郁次郎『経営戦略論』有斐閣, 1985年, 109ページ
3) 亀川雅人・松村洋平『入門経営戦略』新世社, 1999年, 162ページ
4) 吉原英樹・佐久間昭光・伊丹敬之・加護野忠男『日本企業の多角化戦略』日本経済新聞社, 1981年, 14ページ
5) 同上書, 159ページ
6) 石井・奥村他, 前掲書, 116ページ
7) 河野, 前掲書, 52～56ページ
8) 同上書, 66ページ

◆参考文献

Ansoff, H.I., *Corporate Strategy*, McGraw-Hill, 1965.（広田寿亮訳『企業戦略論』産業能率短期大学出版部, 1969年）

石井淳蔵・奥村昭博・加護野忠男・野中郁次郎『経営戦略論（新版）』有斐閣, 1996年

Rumelt, R.P., *Strategy, Structure and Economic Performance*, Harvard University Press, 1974.（鳥羽・山田・川辺・熊沢訳『多角化戦略と経済成果』東洋経済新報社, 1977年）

吉原英樹・佐久間昭光・伊丹敬之・加護野忠男『日本企業の多角化戦略』日本経済新聞社, 1981年

第3章

資源展開戦略

　企業が活動を行うためには，ヒト・モノ・カネ・情報といった経営資源が必要不可欠である．そして，これらの経営資源をいかに効率的に配分し，有効に活用するかが経営戦略上の重要なポイントになる．また，長期的な視点からみると，将来の競争優位の源泉となりうる経営資源を見極め，積極的に蓄積することも重要である．このように，経営資源全般の管理，すなわち効率的配分，有効活用，内部蓄積などに関わる戦略は，資源展開戦略と呼ばれる．本章では，経営資源のタイプを競争優位の観点から整理し，効率的な配分を達成するための1つの手法としてPPMを紹介する．

3.1 経営資源のタイプ

(1) 経営資源の定義

　経営資源の定義には，「企業が利用可能な資源」という見方と，「企業活動を行うために必要な資源」という見方がある[1]．

　「利用可能な資源」という見方は，世の中に存在するさまざまな資源という全体のうち，その企業が利用できる範囲に含まれるものを経営資源と捉えるものである．ただし，ここで重要なのは，経済的要因あるいは経営的要因から，企業が調達し利用できる経営資源には限度があることである．たとえば，資源を獲得するためには資金が必要になるが，企業は無限の資金をもつわけではない．したがって，獲得できる資源にはおのずと限界がある．また，たとえ資源を獲得できたとしても，それを十分に活用するためのノウハウがない場合もある．

図表 3-1　経営資源の定義

	必要な資源	不必要な資源
利用可能な資源	経営資源 →有効利用の検討	過去の経営資源 →整理の検討
利用不可能な資源	将来の経営資源 →戦略的獲得・蓄積の検討	経営資源ではない

出所）佐々徹「経営資源の体系」齋藤毅憲編『経営学の構図』学文社，2003年，56ページを一部修正．

　他方，「必要な資源」という見方では，たとえ利用可能であっても企業活動に必要のない資源は経営資源に含まれないことになる．ただし，ここで重要なのは，現時点では利用不可能であっても，将来の事業展開に必要となるものは経営資源と認識されることである．このような資源は，戦略的に獲得・蓄積していく必要があるのである．

　以上のように，資源の全体を利用可能性と必要性という観点から整理したものが図表3-1である．

(2) 経営資源のタイプ

　経営資源は，その形態により人的資源（ヒト），物的資源（モノ），資金的資源（カネ），情報的資源（情報）の4つに分類される．ここでは，経営資源のタイプ別に，その特徴と外部環境との関係を整理しておこう．

① 人的資源

　人的資源とは，企業で働く正規・非正規の従業員，および経営者のことを指す．人的資源は企業に対して，肉体的貢献ばかりでなく知的貢献も行う存在であるが，次のようなユニークな特徴をもつ．第1に，人間には個性があるため，仕事の内容に関して向き不向きがある．第2に，能力水準にも個人差がある．第3に，やる気や意欲によって提供される労働サービスの質・量が異なる．そして第4に，潜在的な能力の水準は時間の経過とともに変化す

る．これは，経験や学習によって能力の水準が向上するためである[2]．なお，この学習の効果に関しても，従業員のやる気が影響することが重要である．

人的資源は，このようなユニークな特徴をもつため，同じ人数が同じ時間働いたとしても，組織としてのパフォーマンスは大きく異なる可能性があるのである．したがって，企業が人的資源を有効に活用するためには，適材適所の人員配置とともに，仕事や能力開発に対するやる気を引き出すために適切なインセンティブを提供することがきわめて重要な課題となる．なお，企業が従業員を雇用する場は労働市場[3]と呼ばれる．

② 物的資源

物的資源とは，製品を生産するために必要な原材料や部品，工場，生産機械や各種設備，オフィス，情報機器などの備品類などを指す．一般的には，次に説明する資金的資源とともに，汎用性が高く企業特異性が低いという特徴をもつ．つまり，これらの物的資源は，他の企業に移転してもほぼ同じような性能を発揮する可能性が高いという意味で一般性が高く，特定の企業に存在する場合にのみ大きな効果を発揮するという企業特異性は低いのである．

なお，典型的な製造業企業の場合，原材料や部品をサプライヤーから購入し，これをもとに自社内で加工・生産活動を行い，完成した製品を卸売や小売に販売するというプロセスをたどる．ここで，企業が原材料や部品を外部サプライヤーから調達する市場は原材料市場・部品市場と呼ばれ，製品を販売する市場は生産物市場と呼ばれる．

③ 資金的資源

資金的資源とは，物的資源や人的資源の獲得・維持に必要となる金銭のことである．土地の購入，本社ビルや工場の建設，生産機械の購入など，生産活動に必要な設備を揃えるための設備投資，原材料や部品などを購入する資材調達，給与や賞与の支払いに使われる人件費など，企業活動に資金は必要

不可欠である．これらの例は，資金的資源の企業活動に投入されるインプットとしての側面を示しているが，この資金的資源には，企業活動から産出されるアウトプットとしての側面もある．つまり，製品やサービスが市場で消費者に購入されると，企業は利益という形でカネを得ることになる．このアウトプットとしての資金的資源は，次期の企業活動にインプットされる重要な資源となる．

　企業は，事業活動に必要な資金を，株式や社債を発行して調達したり（直接金融），あるいは銀行からの借入によって調達する（間接金融）．このように企業が資金を調達する場は，資本市場と呼ばれる．企業は調達した資金を，投資収益率や成長性などを考慮しながら，各分野へ効率的に配分する必要があるのである．

④　情報的資源

　情報的資源とは，企業活動に必要な技術やノウハウ，市場に関する情報，ブランド・ロイヤリティ，企業イメージ，企業や組織の文化や風土，企業の経営能力，従業員のモラールなど，無形の経営資源全般を指す．これらの情報的資源は，人的資源が創造する知識や知恵を核として形成される企業個性の源泉であり，競争優位を確立・維持する上で最も重要な資源である．また，事業活動から得られた新規の情報が既存の情報と融合し，新たな能力を形成するというダイナミズムを発揮することもある．したがって，情報的資源は，企業特異性がきわめて高く，市場を通じた取引が困難であり[4]，そして複数の人が複数の場所で同時に利用できるといった重要な特徴をもつのである．

3.2 経営資源の蓄積

　企業に競争優位をもたらすような経営資源は，簡単に外部から調達できるものではない．したがって，経営戦略上どのような経営資源が競争優位をもたらすのかを理解した上で，積極的な内部蓄積を進めることが重要になる．

(1) 競争優位の源泉となる経営資源

　図表 3-2 のように，企業活動は，ヒト・モノ・カネ・情報といった経営資源を外部市場から調達し（インプット），内部でこれらを組織化して管理しながら製品を生産し（スループット），そこで生産された製品を市場で販売する（アウトプット）という一連の流れとして捉えることができる．このような見方は，企業を生産のシステムとして把握するものであり，企業は外部からインプットされたものに何らかの価値を付加する存在である．そして，この生産活動の結果，企業の内部には，仕事のノウハウやマーケット情報などの新たな情報的資源が蓄積されていくのである．

　ところで，企業は経営資源を労働市場，原材料市場，資本市場から調達していると説明した．しかしながら，競争優位の構築という視点から考えると，競合他社も同じように外部市場から調達できる資源や，その企業が占有できないような資源は，独自の強さの源泉にはなりにくい．たとえば，パソコンの生産で成功を収めている企業 A 社があるとする．ここで，ライバル企業である B 社が，外部から調達した資金を用いて A 社と同じ部品や生産設備を購入することができ，また従業員を雇うことができる場合，A 社と

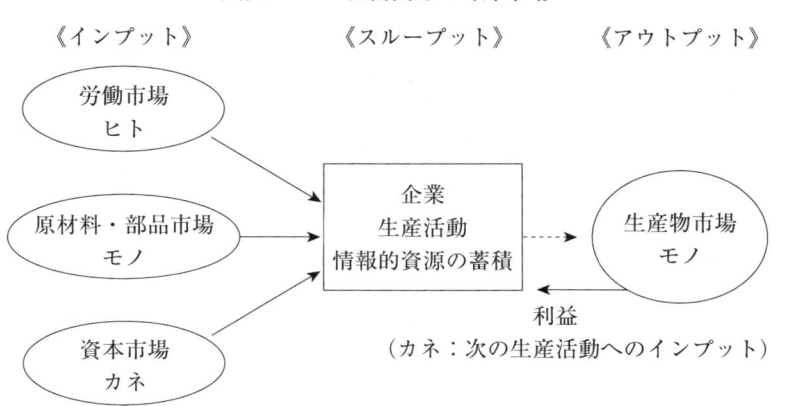

図表 3-2　経営資源と外部市場

《インプット》　　　　《スループット》　　　《アウトプット》

- 労働市場　ヒト
- 原材料・部品市場　モノ
- 資本市場　カネ

→ 企業　生産活動　情報的資源の蓄積 → 生産物市場　モノ

利益
（カネ：次の生産活動へのインプット）

B社の根源的な差異はなくなってしまう．A社とB社に競争力の差があるとすれば，それは工場立地の利便性，資金調達コストや人件費，あるいは従業員の個々の能力やインセンティブの仕組み，生産の過程で必要とされるさまざまなノウハウ，あるいはこれらの複合的な組み合わせの結果であろう．

このように，自社が簡単に外部から調達できる経営資源は，他社も資金さえあれば調達することが可能であるため，競争優位の源泉にはなりにくい．しかも，この資金も，企業の信用度によって調達コストに差はあるものの，基本的には外部からの調達が可能である．したがって，経営資源の中でも，企業の持続的な競争優位の源泉となるような資源には，どういった特徴があるのかを理解しておくことが重要である．

(2) 可変的資源と固定的資源

戦略的意思決定という長期的な視点から経営資源を考える場合，可変的資源と固定的資源という区別を認識しておく必要がある[5]．可変的資源とは，必要に応じて市場から容易に調達できるものであり，例としては原材料や短期契約の労働者などがあげられる．これらは資源の性質上，他企業との差別化を図るには不向きであり，競争優位の源泉にはなりにくい．他方，固定的資源とは，保有量を増減させるのに時間がかかり，その調整には必ず相当のコストがかかるものである．たとえば，設備投資の対象となる工場などの物的資源のほか，長期雇用契約の正規従業員，あるいは技術やノウハウといった「見えざる資産[6]」と呼ばれる無形の資産などがこれに含まれる．なお，この固定的資源の中でも，競争優位をもたらす独自性の高い経営資源は，「独自能力」あるいは「コア・コンピタンス」と呼ばれている[7]．

競争優位にとって重要な経営資源には，他社が簡単に調達できないという条件が必要になるが，これは上記の固定的資源の特徴とほぼ一致する．可変的資源では，原材料や部品などの物的資源はもっとも外部調達が容易であるし，金銭的資源も企業の信用度によって調達コストが異なることに注意が必

要ではあるが，外部調達の方法は確立されている．さらに，人的資源の中でも短期雇用契約の従業員などは，必要に応じて比較的容易に雇用することができる．これに対して，固定的資源のほうでは，物的資源の中でも巨額の設備投資資金を要する工場やその立地条件，人的資源の中でも特に短期的な数量調整が困難とされる正規従業員，あるいは情報的資源の中でも，市場で売買されるようなデータベースなどではなく，ノウハウやブランド・ロイヤリティなどの無形資産は，外部からの調達可能性が低いのである．

また，他社が簡単に模倣できないということも競争優位にとって重要な条件である．この簡単に模倣できないケースとしては，次の3つの可能性が指摘されている[8]．第1は，模倣するのにコストや時間がかかる場合である．模倣をする対象がわかっていても，資源を保有する企業よりも高いコストを支払わなければその資源を獲得できない場合，あるいはその資源の獲得に長い時間がかかる場合は，そのコスト差や時間差がそのまま競争力の差につながる．第2は，資源の性質上模倣することがむずかしい場合である．組織独自の知識やノウハウが内部で融合され，時間をかけて形成される企業文化などの情報的資源は，「見えざる資産」という性質上，何を模倣したらよいのかわからない．一方，対象が見えたとしても模倣できない場合もある．さまざまな経営資源の複雑な組み合わせからなるビジネス・システムに競争優位の源泉がある場合などは，複雑で把握することが困難であろう．第3は，競争相手が自らの事情で模倣できない場合である．上の2つは模倣しようとしても模倣できないケースであったが，模倣をする企業側に模倣できない事情がある場合も考えられる．模倣することが，今まで築いてきた自社の強みを無効にしてしまうような場合は，たとえ能力的には模倣できても，その意思決定は困難であろう．

(3) 経営資源の蓄積と成長の追求

これまでみてきたように，外部市場から調達することが困難な経営資源

は，必然的に自社の内部で蓄積するしかない．また，自社の事業を行う過程で生み出されるノウハウなどの無形の資源も，定義上内部でしか獲得されないものである．したがって，企業が競争優位を追求するためには，その源泉となり得る経営資源を見極め，積極的な内部蓄積を図ることが重要になる．そして，その際には，経営資源に関する長期的かつ動的な視点からの検討が必要である．

経営資源には，「将来の経営資源＝現在の経営資源＋現時点の経営戦略の実行過程・結果から生まれる経営資源」という関係がある．したがって，経営資源の新たな蓄積分を大きくし，将来の選択肢の幅を広げるためには，さまざまな方面で経験を積み，成長を追及するという姿勢が求められる．つまり，長期的な視野に立った戦略の策定が重要になるのである．企業内部には，日常的な経営活動，すなわち経営資源を用いて製品やサービスを生産していく過程で，経営情報や事務的な手続きなど，事業活動を営む上で必要なノウハウなどの情報的資源が蓄積されていく．その中でも特に重要なのは，経験の結果生まれる知識の増大であろう．このような経営資源こそが，既存の製品市場における競争優位の源泉となり，さらに余剰部分が新規市場進出のための源泉となるのである．

なお，短期的・静的な視点からみれば，現在の経営資源の有効活用が問題になる．特に，企業内部に使われていない資源，すなわち余剰資源がある場合，これはある種の無駄が存在することを意味する．したがって，資源展開戦略においては，これらの未利用資源を有効に活用する方法を模索する必要もあるのである．

3.3 シナジー効果とリスク分散効果

企業が成長を志向し事業活動の規模や範囲を拡大させると，結果として，複数の製品や事業分野を抱えるようになることが多い．つまり多角化の進展である．ここでは，その複数の事業の組み合わせを選択する際にポイントと

なるシナジー効果とリスク分散という概念を整理しておこう．

(1) シナジー効果

　シナジー効果とは「相乗」効果のことであり，比喩的に表現すれば1＋1が2よりも大きくなるようなものである．このシナジー効果は，経営資源の共有 (sharing) や相互補完性 (complementarity) がある時に発揮されやすい．たとえば流通システムや研究開発の成果を複数の部門で利用するような場合や，マーケティング部門と製造部門が互いの機能を補い合うような場合などである．つまり，既存事業で蓄積した資源を他の分野で同時に利用したり，複数の資源間に直接的な相互作用があることがポイントになる．そして，このような特徴に最もよく当てはまるのは情報的資源であろう．情報的資源は，複数分野での同時利用が可能であり，しかも減耗しないという特徴をもつため，シナジーの源泉になりやすい．

　一方，物的資源である生産機械は，通常は特定の製品の製造に使われるため，他の製品の製造には利用できない．仮に利用できるとしても，特定製品の製造に使用している間は他の製品を製造することはできない．また，資金的資源は，ある事業分野へ投資すれば，その資金は他の分野では利用できない．さらに人的資源も，特定の職務をこなしている間は，その労働力を他の分野には利用できない．しかしながら，顧客情報などの情報的資源は，複数の分野で同時共通利用が可能である．

　このシナジー効果は，利用される資源の種類によって大まかに次の4つに区分される．第1は，販売シナジーである．複数の製品がマーケティング面での共通性をもつことから生じるシナジーであり，流通チャネル，販売促進，評判などを共通利用する場合がこれに当たる．第2は，生産シナジーである．生産部門の人員や施設の共通利用による間接費の分散，原材料の一括大量購入による価格割引などから，生産上の経費を節約できる場合をいう．第3は，投資シナジーである．工場や機械工具の共通利用による追加投資の

節約，共通部品の利用による在庫投資の節約，類似製品の研究による研究開発費の節約などがこれに当たる．そして第4は，マネジメント・シナジーである．過去の事業活動から得た経営管理上のノウハウが，新しい事業分野にも応用できる場合に生じる効果である．このように，経営資源をうまく同時に共通利用すれば，シナジー効果による範囲の経済が期待される．

(2) リスク分散

ところで，シナジー効果は，経営資源の同時利用可能性や関連性が高い場合に得やすいという特徴があるが，かといって類似性の高い事業分野だけを手がけることにも問題がある．それは共倒れのリスクである．すべての経営資源を単一の事業に集中させている場合，環境の変化などによって万一その事業が失敗するようなことにでもなれば，企業自体が大きな危機を迎えることになる．たとえば，自社のメイン技術に代替するような新技術が競合他社によって開発された結果，これまで競争優位の源泉であった技術が急速に陳腐化してしまうような場合などである．また，後述のように，製品にはライフサイクルがあるため，単一事業に依存する場合には，その事業分野の衰退が企業そのものの衰退を意味してしまう．これに対して，複数の事業をもっている場合，1つの事業が危機的な状況に直面したとしても，企業全体としての影響は緩和される．たとえば，ある種の外生的ショックが発生した場合でも，互いに独立しているような，あるいは逆の影響を受けるような複数の事業を展開することで，企業全体が受けるダメージを軽減できるのである．つまり，多角化は専業化に伴うリスクを分散させ，安定的な成長に寄与するという効果も期待されるのである．

(3) シナジーとリスク分散のトレード・オフ

一般的に，シナジー効果とリスク分散の効果には，トレード・オフの関係が存在する．事業間の関連性が高い関連多角化の場合，シナジー効果が期待

できる反面，特定の産業を直撃するような環境変化に対するリスク分散の効果は小さい．他方，事業間の関連性が低い非関連多角化の場合，リスク分散の効果が大きく安定性が高まる反面，シナジー効果は得にくくなる．

たとえば，原油を原料とした複数の製品を手がける企業は，事業運営のノウハウや流通網の共通利用からシナジー効果を得やすいが，石油危機などの外生的ショックによって原油価格が高騰した場合には，すべての事業が影響を受けてしまう．また，焼肉レストランが仕入れルートなどの重複利用から牛丼チェーンを展開するような場合も，シナジー効果が期待される反面，BSEなどのショックが起きた場合の事業全体の影響は甚大であろう．これらは，既存事業と関連性の高い分野に多角化することでシナジー効果を得やすい反面，事業間の類似性が高いという特徴から特定のショックに対するリスク分散の効果が弱いことを示す例である．

他方，石油関連企業が食料品事業に進出したり，焼肉レストランが衣料品事業に進出するなど，既存の事業分野と関連性の薄い分野に多角化するケースでは，シナジー効果は小さいものの，石油危機やBSEなどの特定の外生的ショックがすべての事業に深刻な影響を与えるというリスクは回避しやすい．これらは，既存事業と関連性の低い事業に進出することで，ビジネスリスクの分散を図り，全体としての安定性を高めようとする例である．したがって，経営資源の有効利用の1つの手段として多角化を考える場合には，新規事業の成長性や収益性の他にも，既存事業を含めた全体の事業の組み合わせから得られるシナジー効果と，リスク分散とのバランスにも注意する必要があるのである．

3.4 資源配分とPPM

(1) SBU

多角化企業では，長期的に安定した成長を達成するために，希少な経営資源をいかに効率的に部門間に配分するかが重要な戦略的課題となる．ここでは，そのための1つの基準としてボストン・コンサルティング・グループ (BCG) によって開発されたプロダクト・ポートフォリオ・マネジメント (PPM) を紹介する[9]．

はじめに，各事業を識別することが必要である．企業を構成する各事業単位はSBU (Strategic Business Unit：戦略的事業単位) と呼ばれ，単一事業である，明確に識別されるミッションがある，それ自身で独立した競合者が存在する，責任ある経営管理者がいる，一定の資源をコントロールする，戦略計画から恩恵をこうむる，他の事業単位と独立して計画できる，などの特徴をもつ[10]．PPMは，各SBUを市場成長率とトップ企業と比較した場合の相対的マーケット・シェアという2つの尺度で評価し，各SBUの戦略的行動を示すとともに，資源配分の指針を与えてくれるものである．以下ではまず，これら2つの尺度の背後にある考え方を説明しておこう．

(2) PPMの前提
① 製品ライフサイクル

市場成長率は各SBUの資金需要，したがって資金の流出量を規定するが，その背後には製品ライフサイクルの論理がある．これは，図表3-3に示されるように，ほとんどの製品は時間の経過とともに，導入期・成長期・成熟期・衰退期というステージをたどるというモデルである[11]．

導入期とは，新製品が市場に導入されたばかりの時期であり，顧客に製品を認知してもらい需要を創造するために，広告宣伝費などに大きな投資が必要になる．成長期とは，需要が大きく伸びる時期である．この時期には売上

図表3-3　製品ライフサイクル

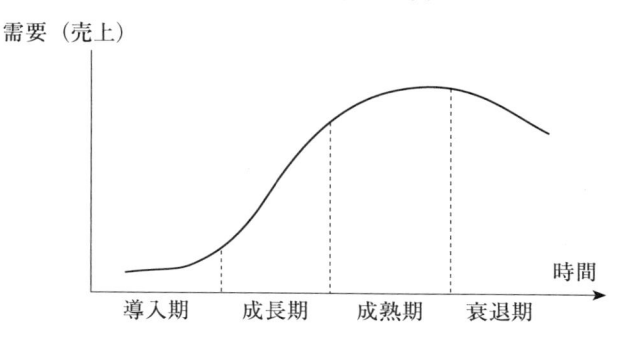

需要（売上）／時間

導入期　成長期　成熟期　衰退期

も増加していくが，競争者の参入も激しくなるため，市場浸透やブランド選好を高めるための投資が必要になる．成熟期とは，市場が飽和状態に達することで需要が停滞し始め，売上の伸びも止まる時期である．限られたパイの奪い合いになるため，差別化によってシェアを防衛するという戦略が必要になる．最後の衰退期とは，需要が縮小し，売上や利益が減少していく時期である．生産性の向上や，場合によっては撤退の検討が必要になる．

　各ステージで必要とされる戦略には違いがあり，当然，必要な投資額も異なってくる．相対的にみれば，ライフサイクル前期（導入期や成長期）では市場の成長に対応するための資金需要が高く，ライフサイクル後期（成熟期や衰退期）では必要な投資額が減少していく．したがって，市場成長率が高い場合には資金流出が多く，低い場合には資金流出が少なくなる．

② 経験効果

　トップ企業と比較した場合の相対的マーケット・シェアの大きさは資金流入を規定するが，その背後には経験効果の論理がある．これは，経験の蓄積がコスト低減をもたらすという現象のことであり，図表3-4のように，縦軸に単位当たりコストをとり横軸に累積生産量をとると，右下がりの曲線で表される．このような現象は経験的に認知されていたが，BCGの研究によって精緻化された．なお，この現象は製造コストだけでなく，管理，販売，

図表 3-4　経験曲線

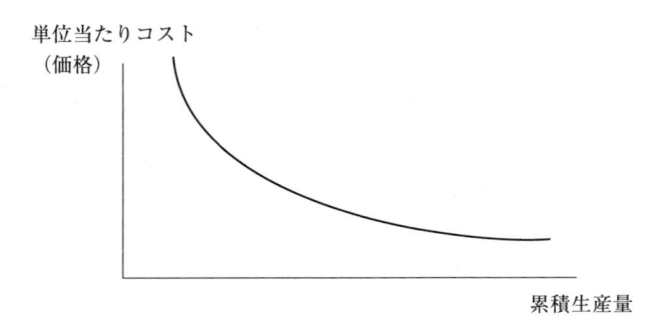

縦軸：単位当たりコスト（価格）
横軸：累積生産量

マーケティング，流通なども含んだトータル・コストでも確認される．通常，製品の累積生産量が 2 倍になると，コストが 10〜30％程度低下するといわれている．

経験効果が起こる理由としては，以下の要因が指摘されている[12]．まず，習熟効果である．特定の職務を反復することによって人は器用さを増し，最も能率的な作業方法を学習するようになる．特に，生産の速度決定に関する作業者の裁量度が高いほど，経験による習熟度は大きい．また，職務の専門化と作業方法の改善による効率性の向上，新しい製造方法の開発と改善，当初の生産設備からの能率向上，資源ミックスの改善，製品の標準化，製品の設計改善なども経験効果の要因である．つまり，人的資源の努力や学習による作業方法の改善などのソフト面での効果と，技術進歩による生産設備の改善や製品の標準化といったハード面の効果が合わさって起こるといえる．

ライバル企業より大きなマーケット・シェアをもてば，相手よりも早く累積生産量が増加し，その結果，単位当たりコストが低下し，収益は増加する．つまり，相対的マーケット・シェアが高いほど資金流入が多く，低いほど資金流入が少なくなる．

(3) PPMの内容と資金の配分

各SBUを，市場成長率の高低と相対的マーケット・シェアの大小という基準から評価すると，図表3-5に示されるような4つのセルに分類できる．

「金のなる木」は，相対的マーケット・シェアが高く資金流入が多い一方，市場成長率が低いため，再投資の需要が小さく資金流出が少ない．多くのキャッシュフローを生み出すため，他の事業分野の投資需要をまかなう重要な資金源になる．戦略としては，シェアの維持と成果の収穫に重点が置かれる．「花形」は，相対的マーケット・シェアが高く資金流入も多いが，市場成長率が高いために多額の投資が必要になり，資金流出も多い．製品ライフサイクルの段階が進み市場成長率が鈍化すれば，将来「金のなる木」になる可能性があるため，マーケット・シェアの維持が重要になる．「問題児」は，相対的マーケット・シェアが低いため資金流入が少ない一方，市場成長率は高いために資金流出が大きい．当然，キャッシュフローは大きなマイナスになる．「花形」に育成すべき将来有望な事業か否かを見極めた上で，シェア拡大を狙った投資をするという選択的判断が必要になる．「負け犬」は，相対的マーケット・シェアが低く資金流入が少ないが，市場成長率も低いため

図表3-5　PPM

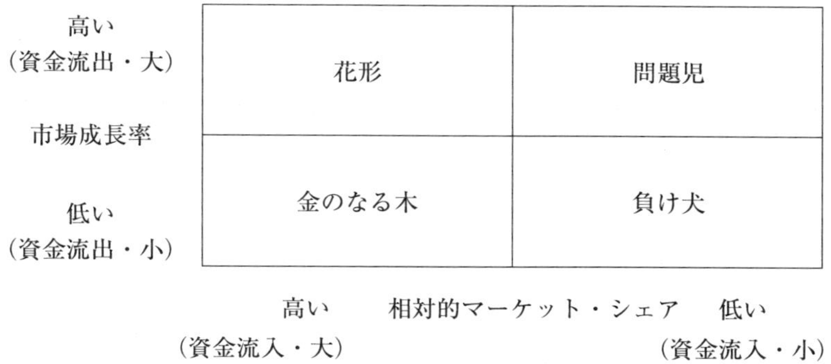

市場成長率	相対的マーケット・シェア	
	高い（資金流入・大）	低い（資金流入・小）
高い（資金流出・大）	花形	問題児
低い（資金流出・小）	金のなる木	負け犬

資金流出も少ない．戦略的には，事業規模の縮小や撤退がセオリーとされる．

各事業の組み合わせを考えると，すべてが「金のなる木」ばかりでは，現在は良くても将来が不安である．また，「花形」ばかりでも，現在の資金が不足してしまう．したがって，各事業分野をバランスよく組み合わせることが，PPMから得られる第一の示唆である．そして，長期的・安定的な成長を達成するための標準的な資金配分の戦略は，「金のなる木」で得た資金を用いて，有望な「問題児」を「花形」に育成するとともに，「花形」のマーケット・シェアを維持し将来の「金のなる木」を育成するということになる．

(4) PPMの問題点

最後にPPMの問題点を指摘しておこう．まず，PPMは既存事業の分析に重点を置くため，新規事業の創出には限界がある．また，各事業間のシナジーも考慮されていない．さらに，製品や市場の定義により分析が影響される．たとえば，パソコン事業をデスクトップとノートの合計として捉えるのか，別々に捉えるのかによって分析結果は異なるであろう．一方，市場の定義も，国内市場と海外市場を一緒にするか否かによって分析結果は当然異なる．また，キャッシュフロー偏重という問題もある．PPMでは，市場成長率と相対的マーケット・シェアという評価軸から資金の流出と流入に着目するが，企業の競争優位に必要なものは何も資金だけではない．最後に，「負け犬」に分類された事業の中にも，差別化戦略やニッチ戦略などによって高い利益率を維持する事業が存在する可能性も指摘できよう．

注）
1) 前者の見方は伊丹敬之などに代表的され，後者の見方は柴川林也編『経営用語辞典』（東洋経済新報社，1992年）に示されている．詳しくは佐々（2003

2) もちろん,加齢によって体力的な能力が低下する場合もある.
3) なお,人的資源として経営者を想定する場合は,経営者市場と呼ばれる.
4) ただし,コンサルティング会社などから購入できる市場情報,特許をもつ他社から契約によって獲得可能な技術やノウハウ,あるいはヒトに内在化された知識・知恵や技術などの場合,これらをもつヒトを雇用することによって企業外部から獲得できる場合もある.
5) 吉原他(1981年,24-26ページ)を参照.
6) 伊丹(1984年,47-82ページ)を参照.
7) Prahalad and Hamel (1990) 参照.なお,上記の例で挙げたように,同じ物的資源や人的資源でも,その種類によって可変的資源の範疇に含まれるものと,固定的資源の範疇に含まれるものがあることには注意が必要である.
8) 青島・加藤(2003年,98-105ページ)参照.
9) ポートフォリオとは証券投資世界の用語であり,所有する有価証券の一覧を意味する.証券投資では,個別証券の魅力だけで投資を決定するのではなく,全体の組み合わせの視点も重要になる.たとえば,成長株と安定株を組み合わせるなど,異なる特性をもつ複数の証券に分散投資することで全体の投資リスクを減らし,安定した収益の確保を狙うのである.この考え方を経営戦略に応用したものがPPMであり,企業も個別事業の魅力だけで進出分野を決定するのでなく,全体の組み合わせから得られる効果にも注意を払う必要がある.
10) 野中(1999年,103ページ)参照.
11) なお,このライフサイクルは,1つの製品に限らず事業分野や産業レベルにおいても存在するとされている.
12) 野中(1999年,96-97ページ)参照.

◆参考文献

Prahalad, C. K. and Hamel, G., "The Core Competence of the Corporation", *Harvard Business Review*, Vol. 68, No. 3, 1990, pp. 79-91.

吉原秀樹・佐久間昭光・伊丹敬之・加護野忠男『日本企業の多角化戦略』日本経済新聞社,1981年

伊丹敬之『新経営戦略の論理』日本経済新聞社,1984年

野中郁次郎「経営資源展開の戦略」石井淳蔵・奥村昭博・加護野忠男・野中郁次郎著『経営戦略論(新版)』有斐閣,1999年

青島矢一・加藤俊彦『競争戦略論』東洋経済新報社,2003年

佐々徹「経営資源の体系」齊藤毅憲編著『経営学の構図』学文社,2003年

第4章

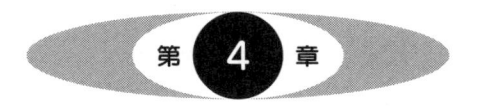

ポジショニング・アプローチと競争戦略

　ポジショニング・アプローチに関する定義は諸説あるが，一言でいえば，企業を取り巻く外部環境の視点から経営戦略について検討するアプローチといえる．ポジショニング・アプローチの考え方を経営戦略論において最初に提唱したポーター（Porter, M. E.）は，戦略とは「戦略的ポジショニング」であると主張する．彼は，戦略的ポジショニングを他社とは異なる一連の業務活動を伴った，他社よりも高い収益性を実現する，他社が近づくことのできない独自性の高い地位を業界で獲得することと定義し[1]，その観点から競争戦略論を展開している．本章では，ポジショニング・アプローチの代表的論者とされるポーターの業界構造分析に焦点をあて，5つの競争要因，戦略グループについて考察する．

4.1　5つの競争要因（業界構造分析）

　小売業界には百貨店，スーパー，コンビニ，ディスカウントストアといった業態があり，従来はそれぞれの業態内で顧客獲得競争が展開されているといわれていた．しかしながら，それぞれの業態で取り揃えている商品に重複する部分が拡大してきている．たとえば夕食の材料を購入するとき，かつては野菜は八百屋，肉は食肉店でといったように食材ごとに個々の商店で購入することが一般的であったが，スーパーで食材だけではなく，調味料や調理器具などを一括して購入するワンストップショッピングが今や当たり前になっている．しかしながら，まとめ買いをすることでより安く購入することができるディスカウントストアを利用する顧客，会社帰りに百貨店の地下食品

街や夜遅くにコンビニなどで食材，惣菜，弁当などを購入する顧客が多くなるのに伴い，スーパーは車などを利用する顧客のために駐車場の広い店舗を開発したり，営業時間を従来よりも延長したりするなどの対応をしている．このような業態間での顧客獲得競争は常態化している．

さらに近年，小売業界では上記の4業態に加え，ドラッグストアや100円ショップ，カタログ販売やインターネット販売などといったさまざまな業態も誕生しており，これらを含めた業態間で激しい顧客獲得競争が行われている．

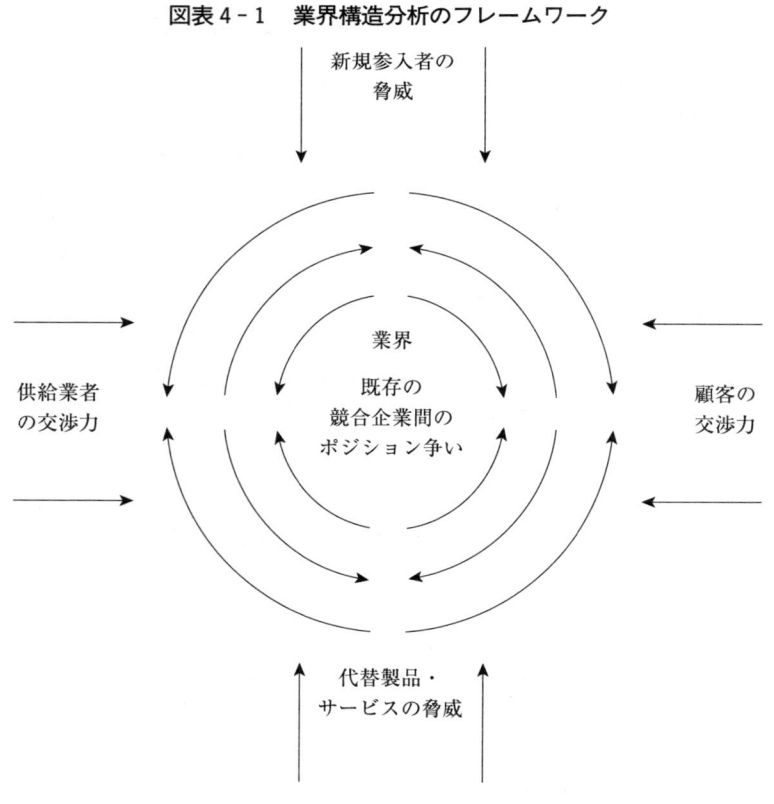

図表 4-1　業界構造分析のフレームワーク

```
                    新規参入者の
                       脅威
                        ↓

  供給業者            業界              顧客の
  の交渉力      既存の                  交渉力
              競合企業間の
              ポジション争い

                        ↑
                    代替製品・
                    サービスの脅威
```

出所) Porter, M.E., *On Competition*, Harvard Business School Press, 1998, p. 22.

また，直接競合しないまでも自社に部品を納入するメーカーや顧客との力関係は自社の収益性に大きな影響を与える．たとえば，パソコンの中核部品にCPUやOSというものがある．CPUの代表的な商品としてインテル製の『ペンティアム』，同じくOSの商品としてはマイクロソフトの『Windows XP』や『Windows 2000』といったものがある．これらの部品はパソコンには必ず必要となるが，これらの『ペンティアム』や『Windows XP』などの部品が搭載されているパソコンはそれらが搭載されていないパソコンよりも売れ行きがよいといわれ，パソコンメーカーはこれらの部品を搭載しようとする．そのため，インテルやマイクロソフトのパソコンメーカーに対する価格交渉力は強いといわれている．

ポーターは自社の置かれた立場を踏まえ，より高い収益性を獲得するための対策を講じるには，自社を取り巻く業界構造を分析することが必要であると主張する．業界構造分析とは，企業を取り巻く顧客，供給企業，関連企業，同一産業内の競合企業といった存在を競争者ととらえ，それらが業界および自社にどんな影響を及ぼすのかを分析することである．

業界構造は競争上のゲームのルールおよび企業が潜在的に利用可能な戦略に大きな影響を与え，その業界の収益性をある程度規定する．ポーターは業界の収益性は，5つの視点，①新規参入者の脅威，②代替製品・サービスの脅威，③顧客の交渉力，④供給業者の交渉力，⑤同一産業内の競合企業間の競争，に依存していると主張する（図表4-1）．

なお青島らによると，この5つの競争要因は3つに大別することができると説明する．第1は，狭義の競争関係を示す「産業内の同業者間での競争の激しさ」であり，第2は，製品上の潜在的な競争関係を示す「新規参入の脅威」と「代替的な製品・サービスの脅威」，第3は，製品の利益における競争関係を示す「供給業者の交渉力」と「顧客の交渉力」である[2]．

以下では，この分類に沿って5つの競争要因の1つひとつに影響を与える要因について考察する．

4.2 同一産業内の競合企業間の競争

競争について分析をするといった場合，最も基本となるのが既存の同業者との競争である．同一産業内における競合企業間の競争の程度を決める要因として，①企業数と企業規模，②産業の成長性の低さ，③固定費・在庫費用の高さ，④小刻みな生産能力の拡張のむずかしさ，⑤製品差別化のむずかしさ，などが挙げられる．以下，1つひとつ考察する．

一般に，企業数が少なければ企業間の競争は緩やかになるといわれている．これは一社ないし数社が市場の大部分を占有していると，企業側の都合で製品のライフサイクルや価格を決定しやすく，また各企業の利害を調整しやすいため，協調的な行動をとりやすくなるからである．そのため競争に一定の規律が生まれやすく，競争は緩やかになる傾向がある．逆に企業数が多いと企業間での協調がとりにくく，また顧客側の製品選択の決定権が強いため，競争は激しくなる．

産業全体の成長性が遅いと競争は激しくなる．これは市場が拡大している時は競合企業とともに業績を伸ばすことができるが，市場成長が停滞あるいは減少するとき，ある企業が業績を伸ばせば，必ずどこかの企業の業績は悪化するためである．鉄鋼業界や石油業界などの成熟産業では競争が激しく，それに耐えるために競合企業との合併などを行うことで規模を大きくし，生き残りを図ろうとしている．

固定費や在庫費用が高い場合，また小刻みな生産能力の拡張がむずかしい場合も競争は激しくなる．これは需要以上の供給が生じる可能性があるためである．半導体業界などは製造費用に占める固定費の割合が非常に高いため，各企業は工場の操業度を上げ，より多くの製品を製造し，販売することを目指す．その結果，需要以上の供給がなされ，激しい価格競争を招き，業界全体の利益率が低くなってしまうといったことが頻発している．小刻みに生産能力を拡張できず，一挙に生産能力を拡張しなければならない場合もあ

る企業の生産拡張が業界の需給バランスを崩し，競争を激化させる恐れがある．

　製品差別化がむずかしい場合も競争が激化しやすい．ガソリンは，その典型的な商品といえる．ガソリンは製品規格が決まっており，どの企業のものを利用しても基本的に同じ効果が期待されなければならず，製品差別化が非常にむずかしい製品である．顧客は商品ごとに品質の違いを知覚しにくいため，主に価格による選好を行う．そのため，価格競争が激しくなり易い．同様のことはカセットテープやビデオテープ，CD-Rといった磁気記録メディアについても指摘することができる．

4.3 新規参入者の脅威

　新規参入者の脅威とは，当該産業での事業経験のない企業が新たに参入することによって競争が激化する可能性があることをいう．中長期的に高い収益性を獲得できると予想される魅力的な産業には新たに参入しようとする企業が多くなる．一般に，競合企業が多ければ多いほど競争は激化するため，その産業の収益性は低くなる．逆に収益性の低い産業に対しては，十分な利益を獲得するにたる何らかの強みをもつ，あるいは利益を度外視しても参入する何らかのメリットがあるといった特殊な場合を除いて，新たな企業が参入することはほとんどない．そのため収益性の高い産業には投資に見合うだけの収益が確保できなくなるまで新規に参入する企業が後を絶たないと考えられる．

　しかしながら，既存企業は高い収益性を見込めるものの，その産業固有の事情から新たに参入した企業が十分な収益性を確保することが困難な産業もある．新規参入者を阻む産業固有の事情や特徴は「参入障壁」と呼ばれる．新規参入者の脅威はこの参入障壁の高さに大きく影響される．参入障壁には，①規模の経済性，②巨額の投資，③製品差別化，④スイッチング・コスト，⑤規模と無関係のコスト劣位，⑥政府の規制，などの要因が深く影

響を与える．一般に，参入障壁は高ければ高いほど，新規に参入しようとする企業の意欲を減退させる．以下，1つひとつの要因を考察する．

規模の経済性とは，規模が大きければ大きいほど，効率的に研究開発や生産，販売などを行うことができることをいう．たとえば，生産規模を2倍，3倍と拡大すると，生産量が2倍以上，3倍以上と拡大する時，製品1個当たりの単位コストが安くなる．このとき生産に関して規模の経済性があるという．生産に関する規模の経済性が働く産業には半導体業界，石油精製業界，航空機業界，自動車業界などといった資本集約型の産業が挙げられる．これらの産業では大掛かりな生産設備が必要なため，新規参入が難しい．なお規模の経済性が有効な場合，累積生産量が倍になると生産性が数十パーセント向上するという「経験効果」も効力を発揮することが多いため，既存企業が有利であるといわれる．

巨額な投資が必要であるということも，規模の経済性と並んで新規参入を困難にする要因である．たとえば，製薬業界では「万三つ」という言葉があり，1つの新薬開発の裏には数千の研究開発の失敗があるといわれている．新薬の開発には300〜350億円の費用を必要とするため，製薬業界では今後，幅広い研究分野に長期間投資することが可能な企業しか生き残れないと指摘される．そのため，現在，グローバルなレベルで大企業同士の合従連衡が起こっている[3]．とりわけ，研究開発に資金を多く必要とする業界では，仮に参入して事業がうまくいかなかった場合，多額の損失を被るため，資金調達力の低い企業の新規参入はむずかしくなる．

製品差別化の程度が高い，すなわち過去からの宣伝，顧客サービスの差異，デザインなどさまざまな要因で顧客からのブランド認知が高く，顧客のロイヤリティを勝ち得ている状態にある時，新規参入の脅威を減じることができる．たとえば，スキーやテニスといったスポーツ用品，釣具用品などは，既存企業のブランドごとに熱心なファンが存在する．このような業界に新規参入をした場合，既存企業と同じようなコンセプトの製品を低価格で提

供しても既存企業のブランドの熱心なファンを振り向かせ続けることは困難であろう．それゆえ新規参入者はこれらファンの忠誠心を覆しうる魅力ある商品を投入する，あるいは積極的かつ継続的な宣伝広告を行うといった施策を迫られる．

スイッチング・コストが高い場合も，新規参入者を阻む要因となる．スイッチング・コストとは，ある製品から別の製品の利用に切り替える時，新たに顧客に発生する費用のことをいう．すなわち，スイッチング・コストが大きければ，新規参入業者はその費用を上回る便益を顧客に対して提供できなければ，新たに顧客を獲得することはむずかしい．たとえば現在，音楽を携帯して聴くための機器として，ヘッドフォンラジカセ，ポータブルCD，ポータブルMD，メモリーオーディオプレイヤーなどさまざまなポータブルオーディオが市場に出回っている．これらの機器は互換性がないため，異なる規格の機器を新規に購入すると，従来利用していたソフト資産が利用できなくなる．そのデメリットの大きさから購入を手控えている顧客が少なくなく，市場に異なる規格の機器が並立して存在していると理解することができる．

新規参入者の脅威を阻む参入障壁として，独占的な製品技術，原材料へのアクセス，流通網へのアクセス，立地条件，政府の補助金などといった規模とは無関係にコスト的な不利を新規参入者にもたらす要因もある．たとえばコニカミノルタオプトは光ディスク用の非球面レンズ市場で世界のCD用レンズの70％，DVD用レンズの90％のシェアを保有している．この背景にはいち早く市場に参入し，数多くの特許によって製品や生産方法を保護していることが大きい．また鉄鉱石や石炭，銅などの鉱石資源産業では資源メジャーと呼ばれる高品質の鉱石の採掘場所を所有する企業が圧倒的な市場支配力を有している．たとえば，鉄鉱石ではブラジルのリオドセ，オーストラリア・イギリスのBHPビリトンとリオ・ティントはそれぞれ良質の採掘場所を保有し，3社で世界の80％の輸出を行っている．

参入障壁の最後は政府の規制である．政府が行う公的規制は，個人や企業

の自由な活動に任せていたのでは社会全体の安全が損なわれる，あるいは産業の健全な発展が望めないなどの問題が生ずる可能性がある場合に行われるもので，許認可制度や免許制度などがその代表的なものである．しかしながら，これら公的規制が新規参入者の事業参入を阻んでいるケースも少なくない．96年の金融ビッグバン後に店舗をもたないアイワイ銀行（現セブン銀行）やソニー銀行，ジャパンネット銀行などのインターネット銀行が多数誕生したことは規制が銀行業への新規参入を阻んでいたことを示す象徴的な出来事といえよう．

これら参入障壁の高さを左右する要因が新規参入者の行動に大きな影響を及ぼすが，これに加え，新規参入者に対する既存企業の反撃や報復といった反応も新規参入を阻む上で重要である．たとえば，新規参入者を阻むために既存企業が協調行動をとったり，独特な商慣行を履行したり，政府に働きかけたりするなどの行動をとることで参入障壁は高くなる．

4.4 代替製品・サービスの脅威

代替製品・サービス（以下，代替品）とは類似した顧客のニーズを異なった形で満たすものである．たとえばビール，日本酒，焼酎，ワイン，カクテルなどの酒類などはいずれも製品は異なるが類似した顧客ニーズを満たす製品群であり，それぞれ代替関係にある．

ポーターは，①業界の製品よりも代替品の方が価格の割に顧客に提供する価値が高い，すなわちコスト・パフォーマンスが高い場合，②代替品が高い利益を獲得する業界によって生産される場合，に代替品の脅威は高まると指摘する．これは代替品の登場によって業界の中で設定可能な価格の上限が事実上設けられてしまうため，業界の潜在的利益が制限されるからである．

とりわけ技術的要因から代替品のコスト・パフォーマンスがいちじるしく高くなる場合，当該産業の製品は代替品にどんどん取って代わられてしまい，最悪の場合は消滅してしまう場合もある．たとえば百科事典の老舗であ

る英ブリタニカは，1930年代から90年代まで教育熱心な家庭対象に書籍版百科事典『エンサイクロペディア』を1セット1,500～2,200ドルの価格で販売していた．ブリタニカは訪問販売のための組織をグローバルに構築し，市場リーダーとして確固たる地位を築いていた．ところが1993年に米マイクロソフトがCD-ROM百科事典『エンカルタ』を1枚50ドルという価格で販売したところ，顧客はこれを強く支持した．『エンカルタ』が発売された当初，ブリタニカは内容の充実度が異なる，書籍とCD-ROMとでは利用する顧客が異なる，として競合しないと考えていたようだが，ブリタニカはいちじるしく業績を悪化させ，『エンカルタ』への対応を迫られた．ブリタニカは書籍版百科事典を主力商品としつつ，CD-ROM版の百科事典を書籍よりも割安な1,000ドルという価格で発売したが，顧客の支持は得られず，業績は下げ止まらなかった．この結果，1997年にブリタニカはそれまで自社を支えた全世界的な訪問販売組織を解散するという決断をし，主力商品をCD-ROM百科事典『ブリタニカ国際大百科事典』に全面的に切り替え，通常の流通ルートで価格を10分の1以下に引き下げ販売した．

　この他，レコードはCDの登場，またレーザーディスクカラオケは通信カラオケの登場によって，それぞれほぼ市場が消滅してしまった．このようにコスト・パフォーマンスの高い代替品は既存業界にとって大きな脅威となる．

　代替品が収益性の高い業界で生産される場合にも代替品の脅威は高まるといえる．たとえば，90年代前半はワープロソフトや表計算ソフトはそれぞれ単体で販売されており，日本語ワープロソフトではジャストシステムが『一太郎』を，表計算ソフトではロータスが『Lotus1-2-3』をそれぞれ2万円弱の価格で販売しており，高いマーケットシェアを有していた．このような市場に95年，マイクロソフトはワープロソフト『Word95』，表計算ソフト『Excel95』，プレゼンテーションソフト『Power Point95』などを含んだ統合ソフト『Office95』を2万5千万円程度で販売し始めた．『Office95』に含められたソフトのうち『Excel95』は高い評価を得ていたが，『Word95』

や『Power Point95』といったソフトは他社製のソフトと比較して明らかに総合的な機能性が劣っていた．しかしながら，すべてのソフトの操作性が統一されており，ソフト間のデータの連携，文書の共有も簡単に行うことができた上，統合ソフトはそれに含まれているソフトを単体で買い集めるよりもかなり安い価格で販売されていたため，『Office95』は顧客に広く受け入れ，急速にマーケットシェアを拡大させた．その後，ビジネス用アプリケーションソフト市場では統合ソフトが主流となり，ロータス，ジャストシステムも同様のソフトを販売し，単体ソフトの市場は次第に縮小していった．その後，マイクロソフトは97年に販売した『Office97』で，『Office95』に含まれていたソフトをそれぞれバージョンアップし，新たにデータベースソフト『Access97』，電子メールソフト『Outlook97』などを追加した．さらに『Office2000』でも同様のことを行っている．このようにマイクロソフトはバージョンアップをするたびに統合ソフトの中に次々と新たなソフトを取り込み，さまざまな単体ソフト市場に競争を挑んでいる．

4.5 顧客および供給業者の交渉力

　顧客の交渉力および供給業者の交渉力とは，自社を含む業界と顧客あるいは供給業者との取引における価格交渉力のことをいう．顧客や供給業者の価格交渉力が高いと，厳しい価格引き下げやより高い品質あるいはサービスなどの要求を受け入れざるを得ず，自社の収益性は低下する．

　なお，顧客の交渉力と供給業者の交渉力は「5つの競争要因」の中でそれぞれ独立の要因とされているが，顧客と供給業者は自社をはさんでそれぞれ立場を入れ替えただけであり，顧客ならびに供給業者の価格交渉力に影響を与える要因は基本的にはほぼ同じである．したがって，ここでは顧客の交渉力に関してのみ論じる．

　顧客の交渉力に影響を与える要因としては，①顧客の集中度が高い，②販売する製品が標準品であり，差別化されていない，③顧客が垂直統合に

乗り出す可能性がある，④顧客の収益性が低い，⑤顧客にとって購入コストが高い，⑥供給業者の製品が顧客の製品やサービスの品質にあまり影響を与えない，⑦顧客が十分な情報をもっている，などが挙げられる．

　いずれの要因も顧客の交渉力を左右する要因であるが，顧客の特性によってより強く働く要因は異なる．たとえば自動車や家電の部品メーカーであれば，顧客はアセンブリーメーカーとなるが，これら顧客は数が少ないために部品メーカーは相対的に立場が弱くなる．そのため，①〜③の要因をとりわけ考慮する必要がある．一方で，小売業であれば顧客のほとんどが個人であり，可処分所得の多少によって行動様式が異なるので，②，④〜⑥といった要因を考慮する必要がある．その意味で，それぞれの業界で顧客の特性を考慮する必要がある．

　顧客の集中度が高いとは顧客の企業数が少なく，また購入規模も大きい場合を想定している．自社を含めた当該業界の企業数が多い場合は，顧客のスイッチング・コストが低くなるため，自社の価格交渉力は低くなる．

　販売する製品が標準品である場合も当該産業の交渉力は低くなる．ガソリンや灯油といった燃料，ビデオテープやMD，CD-Rといった磁気記録メディア，乾電池やAV用ケーブルなどは標準品であることに意義があるため，基本的に差別化がむずかしい．とりわけガソリンや灯油，乾電池やAV用ケーブルなどの製品品質の違いを知覚することは非常にむずかしいため，必要に応じて最寄りの店舗で購入する場合が多い．そのため，こうした標準品はより安く生産することができる企業に受注が集まる可能性が高い．

　顧客が垂直統合に乗り出せるほどに強大な場合も顧客の交渉力は高まる．顧客に垂直統合を行えるだけの資金的および技術的，人的余地がある場合，当該産業の製品価格を抑えなければ，顧客が当該産業に魅力を感じ，新規に参入してくる可能性がある．そのため結果的に当該産業の製品価格を上げにくくなる．

　顧客の収益性が低い，あるいは顧客の可処分所得が少ない場合や顧客にと

って購入コストが高い場合は，顧客は購入コストをできるだけ低く抑えようと価格に敏感になる傾向がある．たとえば外食をする場合，一般に社会人より学生，独身者より既婚者の方が予算内でできるだけ満足度の高いサービスを提供する店舗を探そうとする．これは社会人よりも学生，独身者よりも既婚者の方が1人当たりの可処分所得が低く，限られた予算内でやりくりする必要性があるためである．同様に，エアコンや洗濯機，自動車などの耐久消費財は，顧客の可処分所得に占める購入コストの比率が高いため，価格に対する要求は高まる．

供給業者の製品が顧客の製品やサービスの品質にとってほとんど関係がない場合も顧客の価格に対する要求は強まる．たとえば生命保険や墓石などといった商品は購入しても顧客の生活に直接貢献するものではないため，顧客は価格に敏感になる．そのため，まず関心をもたせるところから努力する必要があり，広告や人的販売などによる多大なマーケティング努力が必要とされる．

最後に，顧客が十分な情報をもっている場合，顧客の価格交渉力は高まる．一般に自社と顧客との間に情報の非対称性が高い場合は，顧客に対して価格交渉を有利に進めることが容易になるが，顧客が製品の需要動向，実際の市場価格，さらに売り手のコストなどについて十分な情報をもっている場合，顧客の交渉力は大きくなる．

以上にあげた5つの競争要因を分析することによって，業界および業際間の競争状況が把握でき，今後どのように業界が変遷するのかを予測しやすくなる．その上で，業界において自社がどのような競争地位にあるのか，またどのような競争地位を目指すべきなのか，さらにはいかに行動すればリスクを減らし，かつ収益を増大させることができるかを検討することが必要となる．

4.6 戦略グループと企業の収益性

　ポーターは，5つの競争要因分析によって自社を中心にした業界および業際間の競争状況を把握した上で，同一産業内の競合企業間でなぜ収益性に差が生じるのか，その差はどのような戦略によって生み出されているのかという問題を検討しなければ適切に競争戦略を検討できないとする．そして同一産業内の企業格差が生じる原因を解明し，適切な競争戦略の選定に役立つフレームワークとして「戦略グループ」という概念を提唱する．

　戦略グループとは業界内で類似した戦略を追求している企業のグループである．戦略グループは戦略上の立場を基準にしてグループ分けされるものであり，戦略上の特徴を示す「戦略次元（strategic dimension）」と呼ばれる基軸で区分される．

　戦略次元には，①専門化の程度（製品，顧客層，販売地域などの限定の程度），②ブランド重視の程度（ブランド構築のためにどれくらい努力しているのか），③流通チャネル選択（どんな流通チャネルを選択しているのか），④製品品質（製品品質の水準の程度），⑤コスト地位（コスト削減の努力の程度），⑥付加的なサービスの程度（どのようなサービスを提供しているのか），⑦価格政策（価格水準の程度），⑧親会社との関係（自律性が高いのかあるいは従属性が高いのか），⑨母国および現地政府との関係（行政は好意的かあるいは敵対的か），などが挙げられる[4)]．

　これらの戦略次元の重要度は，たとえば化粧品業界はブランドや流通チャネルといった戦略次元の重要性は高いが，ガソリン業界はコスト地位や親会社との関係などの戦略次元の重要性が高い，といったように業界によって異なる．それゆえ戦略グループを検討するとき，自らの業界にとってどの戦略次元が重要なのかを十分に吟味する必要がある．1つの業界内にどのくらいの戦略グループがあるのかを検討するにあたっては，上記の戦略次元のうちの2つを縦軸と横軸とし，図示することで視覚的に理解することができる．

この図表を戦略グループ・マップ（図表4-2参照）という[5]．

　同一の戦略グループに属する企業は業界で目指す戦略目標が類似しているため，コスト構造，広告の方法などが似てくるだけでなく，企業環境の変化や業界内の競合企業の動きによって受ける影響や反応もまた似通ってくる傾向がある．このことは同一の戦略グループに属する企業が類似の特徴をもたらす特定の資産やビジネスプロセスをもつことを示唆する．これらは戦略グループ間を移動する際のある種の障壁となりうる．なぜなら戦略グループ間を移動するためには既存の資産やビジネスプロセスを捨てる，あるいは作り変える必要が生じるからである．ある戦略グループから別の戦略グループへの移動を阻む，あるいは移動に時間がかかるような障壁のことを「移動障壁」という．移動障壁が非常に強力な戦略グループは弱い移動障壁しかもたない戦略グループの企業に比べて，収益性がより高くなる可能性が高い．戦略グループ間の移動は容易ではない．その意味で移動障壁は企業間の収益性に格差をもたらす要因の1つといえる．それゆえ，より高い収益性をもたらす戦略グループはどこであり，自らが属する戦略グループが業界においてどのような地位にあるのかを吟味することは自社の将来を検討する上で重要といえる．

　化粧品業界には洗顔石鹸，化粧水などの基礎化粧品，ファンデーションなどのメークアップ化粧品，香水やオーデコロンなどのフレグランスなどの他，薬用化粧品や頭髪用化粧品などの市場セグメントがある．これらは対面販売を基本とする「制度品」，セルフ販売を基本とする「一般品」，訪問販売や通信販売によって直接顧客に販売する「無店舗販売品」，美容院やエステティックサロンなどで使用される製品を販売する「業務品」，の4つに大別することができる．制度品メーカーは一般に自社系列の販社や支社を通して系列店やチェーンストア契約をしている小売店に商品を卸す一方，一般品メーカーは問屋や代理店を通してスーパーや薬局，コンビニなどの小売店に卸すという流通形態をとる．無店舗販売品のうち，訪問販売メーカーでは訪問

販売員が各家庭に赴いて販売し，通信販売メーカーでは電話やFAX，インターネットを通じて注文を受け付け，顧客に送付するといった形で販売する．最後の業務品は販売員が美容院やエステティックサロンなどに赴いて販売する．このように化粧品業界ではかつては制度品，一般品，無店舗販売品，業務品のそれぞれに専業のメーカーが存在し，それぞれの流通チャネルにも明確なすみ分けがあった．

しかしながら，97年にメーカーが小売店に定価での販売を義務づける再販制度（再販売価格維持制度）が全廃される一方で顧客ニーズが多様化する中，市況は低迷し，化粧品メーカー各社は自社製品と流通チャネルの多角化を余儀なくされ，現在，それを積極的に推進している．たとえば資生堂やカネボウなどの制度品メーカーは従来，制度品販売を軸に事業を展開してきたが，一般品のブランドを新たに創設し，一般品の流通チャネルや通販のチャネルに参入している．また一般品メーカーのマンダムやナリス化粧品なども

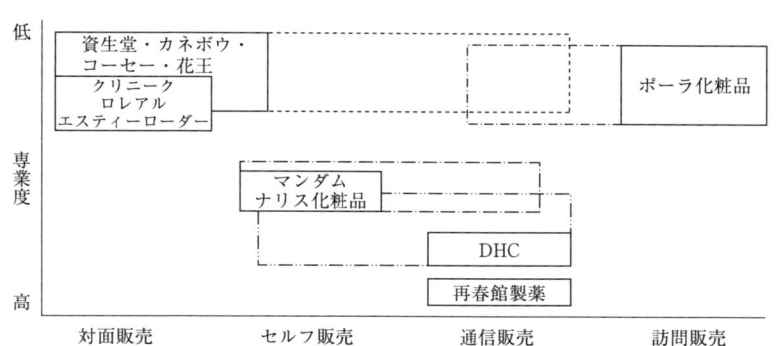

図表 4-2　戦略グループ・マップ（日本の化粧品業界の例）

[戦略グループ・マップ：縦軸が専業度（上＝低、下＝高）、横軸が対面販売、セルフ販売、通信販売、訪問販売。資生堂・カネボウ・コーセー・花王、クリニーク、ロレアル、エスティーローダーが左上（低専業度・対面販売）、ポーラ化粧品が右上、マンダム・ナリス化粧品が中央（セルフ販売寄り）、DHCが通信販売、再春館製薬が通信販売（高専業度）に位置する。]

注）1．囲みはそれぞれ戦略グループを表す．実線の囲みは90年代前半の戦略グループを表し，2000年代前半までに戦略グループが拡大している場合は点線でそのことを示している．
2．専業度は化粧品業界のセグメント市場である基礎化粧品，メークアップ化粧品，フレグランス市場のいずれかにどの程度特化しているのかを示す．

出所）筆者作成

通販チャネルに進出している．さらに，通信販売メーカーのDHCがコンビニエンスストアを新たなチャネルとして活用するなどのさまざまな動きが展開している．そのことを示したのが図表4-2である．

ただし，ひとくちに流通チャネルの多角化といってもそれは容易ではない．流通チャネルの多角化のためには従来のビジネスプロセスを変更ないしは修正しなければならず，多くの問題を克服する必要がある．制度品メーカーは一般品の流通チャネルを積極的に活用することに伴い，メーカーと小売店との間に介在する販社や支社は大幅な統廃合を行い，伝票の処理のIT化，リベート体系の大幅な見直しなどを漸進的に行っている．

最後に，同じ戦略グループに属していても，個々の企業の収益性には差が存在することについて考察したい．戦略グループ内で収益性に関する企業地位の格差をもたらす要因としては，①戦略グループ内における相対的企業規模および企業数，②戦略グループへの参入コスト，③選定した戦略を実行する能力，などが挙げられる．戦略グループが同じであるということは，類似の戦略を追求していることが前提であり，その場合，グループ内で相対的に企業規模が大きい企業ほど経営資源が豊富であるという意味で競争上有利といえる．また，前述のとおり，一般に企業数が多ければ多いほど競争は激しくなるため，企業数の多少は収益性に影響を与える．

参入に際して自らが保有する既存の経営資源やスキルを利用したり，いち早く参入して戦略グループ内での企業地位を他社よりも早く確立したりすることによって参入コストをできるだけ低く抑えることができた企業は，他の企業よりも優位な状況を作り出しやすい．とりわけ近年，製品のライフサイクルが短縮化傾向にあるため，商機にすばやく市場に参入することは重要であるとされる．

選定した戦略を実行する能力は企業の収益性を左右する大きな要因である．90年代初頭，トヨタと同じ戦略グループに属していた日産はバブル崩壊後，いちじるしく業績を落とし，99年にルノーと提携するに至ったが，ルノ

ーから派遣されたカルロス・ゴーンの下で見事な再生を果たした．日産の再生に関する具体的な記述は割愛するが，日産の保有していた経営資産は整理・縮小されこそすれ，増えたわけではない．であるにも関わらず，業績を回復させたのはその実行力に起因する．このことからも優れた実行力を有する企業は同じ戦略グループ内の競合企業よりも収益性が高くなることが理解できよう．

　以上のようにポジショニング・アプローチでは，企業の収益性は，①業界全体の特性，②戦略グループの特性，③戦略グループ内の企業の地位，の3つの要因が絡み合って規定されるとする．しかしながら，注目すべき点は戦略グループ内の企業地位を規定するものの中に，選定した戦略を実行する能力も収益性を左右する要因であると指摘される点である．従来，ポーター理論は外部の構造要因だけを考慮しているように評価されがちであるが，上記にあるとおり，ポーターは競争優位を獲得する上で経営資源や能力の重要性を認識している．そして持続的な競争優位を獲得しうる地位を創造し維持するための源泉が企業内のどこにあるのかを分析するバリューチェーンという概念を提示している．バリューチェーンについては次章で論じる．

　ポーターは90年代にみられたベスト・プラクティス，リエンジニアリング，コア・コンピタンス，アウトソーシングといった企業内に蓄積する経営資源にのみ焦点をあてた諸概念を基礎とした経営戦略のアプローチを，単なる「業務の効率化」であり，戦略ではないと指摘する．彼によると戦略的ポジショニング論の発想なしに，経営資源や能力にのみ焦点を当てると，企業に長期的な利益をもたらす持続的競争優位を創造するどころか，企業を果てしなき消耗戦に誘いかねないという．彼のこの主張は，自社の内部環境にとらわれることで，外部環境を軽視することを危惧するメッセージと理解できよう．

注）
1) Porter, M E., "What is Strategy", *Harvard Business Review*, November-December, 1996, pp. 61-78.
2) 青島矢一・加藤俊彦『競争戦略論』東洋経済新報社，2003年，51-54ページ
3) 米ファイザーは2000年にワーナー・ランバートを買収，2003年にファルマシアを吸収（2004年現在世界1位），2000年に英製薬1位のグラクソ・ウエルカムと同2位のスミスクライン・ビーチャムが合併し，グラクソ・スミスクラインが誕生（同2位），1999年に仏ローヌ・プーランと独ヘキストが合併し誕生したアベンティスは2004年に仏サノフィ・サンテラボに買収され，サノフィ・アベンティスが誕生（同3位），など大型合併が続いている．日本では国内4位の山之内製薬と同5位の藤沢薬品工業が合併して2005年4月にアステラス製薬が誕生（2005年国内3位），同年9月には同2位の三共と同6位の第一製薬が経営統合し，第一三共株式会社が誕生した（同2位）．
4) Porter, M.E., *Competitive Strategy*, Free Press, 1980, pp. 127-129.（土岐坤他訳『競争の戦略』ダイヤモンド社，1982年，180-183ページ）
5) 戦略グループ・マップは，①移動障壁をみつける，②臨界グループをみつける，③戦略的行動の指針を探る，④トレンド分析する，⑤反応を予測する，といった問題を検討することができるとされる．戦略グループ・マップを作成する上で留意すべき点は，第1に軸にすべき戦略次元はその業界での主要な移動障壁を決める要因であることが望ましい，第2に縦軸，横軸はそれぞれ相関しないことが望ましい，第3にマップ上の軸は連続変数や単調増加変数でなくてもよい，第4にさまざまな戦略時限の組み合わせを作ることで数種類の戦略マップを作り検討すべき，といった点であるという（*ibid.*, pp. 152-155. 同上訳書，211-214ページ）．

◆参考文献

青島矢一・加藤俊彦『競争戦略論』東洋経済新報社，2003年

Mintzberg, H. et al., *Strategy Safari*, Free Press, 1998.（齋藤嘉則監訳『戦略サファリ』東洋経済新報社，1999年）

Porter, M E., *Competitive Strategy*, Free Press, 1980.（土岐坤他訳『競争の戦略』ダイヤモンド社，1982年）

Porter, M E., *Competitive Advantage*, Free Press, 1985.（土岐坤他訳『競争優位の戦略』ダイヤモンド社，1985年）

Porter, M E., *On Competition*, HBS Press, 1998.（竹内弘高訳『競争戦略Ⅰ・Ⅱ』ダイヤモンド社，1999年）

第5章

資源ベース論と競争優位

　競争戦略の本質は「戦略的ポジショニング」にあると主張するポーターは，業界構造分析を行った上で，企業はその分析を踏まえると同時に，自社の強みと弱みがどこにあるのかを特定するためにバリューチェーン分析が必要であると主張する．

　一方で，このような演繹的なポーター（Porter, E.）の競争戦略論とはまったく異なった発想で戦略を捉える研究アプローチが存在する．その1つに資源ベース論がある．本章ではまず基本戦略とバリューチェーン分析について理解した上で，それらの論者の考え方について検討したい．

5.1 基本戦略とバリューチェーン

　前章で業界構造や業界内の戦略グループといった企業の外的環境を把握し，その上で自社の地位を維持ないし強化するために行動する必要があると論じた．ではどのように対応すべきなのか．基本となる視点は，「どのような顧客にどんな経済的価値を提供することで業界の中で平均以上の利益を達成できるか」というものである．顧客は自社が提供する製品やサービスを競合企業のそれと比較して自らにとって経済的価値が高いと感じられる場合に購買行動をとるため，顧客が選好しうる経済的価値をもつ製品を作る必要がある．一方，どんなに理想的であっても収益に見合った費用で提供できなければ意味がない．それゆえ企業は自らが生み出す経済的価値をできるだけ高め，同時に少しでも費用を引き下げられるよう努力する必要がある．

　業界で平均以上の利益を獲得するための基本的な考え方にはさまざまなも

のがある．「コトラーの競争地位の4類型」「ポーターの基本戦略」「ミンツバーグ（Mintzberg, H.）の基本戦略」などが代表的なものである．本章では，この中でポーターとミンツバーグの基本戦略について説明する．

　ポーターは，事業戦略にはコストリーダーシップ戦略，差別化戦略，集中戦略の3つの基本戦略があり，これらを追求することで競争上有利な地位（競争優位）が獲得できると論ずる．コストリーダーシップ戦略は，業界の中で最も低い費用で製品ないしはサービスを生産することを目指す戦略である．しかしながら「安かろう，悪かろう」ではなく，あくまで品質の面で競合企業と比較して同等であることが前提条件である．この戦略を実現するためには規模の経済や経験効果などを追求し，高いマーケットシェアを目指すことが必要となる．差別化戦略とは，顧客に業界の中で独特であると感じさせるユニークな製品もしくはサービスを提供することである．さまざまな戦略次元における差別化が考えられる．たとえば，デザインもしくはブランド・イメージの差別化，技術の差別化，顧客サービスの差別化，ディーラー・ネットワークの差別化などが挙げられる．集中戦略とは，競争範囲を業界の特定の顧客グループ，市場セグメント，地理的市場などに限定する戦略である．集中戦略にはコストリーダーシップ集中戦略および差別化集中戦略の2つがある（図表5-1参照）．

　ポーターは，コストリーダーシップ戦略と差別化戦略はトレード・オフ（二律背反）関係にあり，この両者を同時に追求した場合，非常に弱い戦略

図表5-1　ポーターの基本戦略の類型

		目指すべき戦略的ポジション	
		コスト優位	差別化優位
競争範囲	広	コストリーダーシップ戦略	差別化戦略
競争範囲	狭	集中戦略	
競争範囲	狭	コスト集中戦略	差別化集中戦略

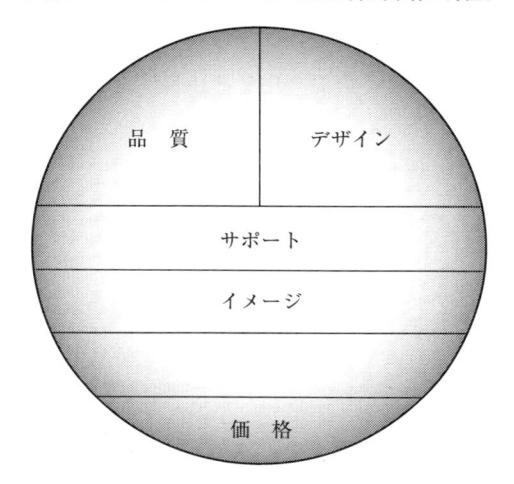

図表 5-2　ミンツバーグの差別化戦略の類型

（図：円の中に「品質」「デザイン」「サポート」「イメージ」「価格」の区分）

出所）Mintzberg, H. and Quinn, J.B. *The Strategy Process 3rd*, Prentice Hall International, 1996, p.75.

的立場に追い込まれ，ほぼまちがいなく低利益しか獲得することができないと論じる[1]．それゆえどちらか一方を追求しなければならないとする．

　ミンツバーグは事業戦略の基本は，第1に，顧客に認めてもらえるような差別化を行うこと（差別化戦略），第2に，製品やサービスを販売する競争範囲を明確にすること（スコープ戦略），であるとした．そしてこの2つを決定するために6つの差別化戦略：①品質差別化戦略，②デザイン差別化戦略，③サポート差別化戦略，④イメージ差別化戦略，⑤無差別化戦略，⑥価格差別化戦略（図表5-2参照），と4つのスコープ戦略：⑦無細分化戦略，⑧細分化戦略，⑨ニッチ戦略，⑩カスタマイズ戦略，を提示する[2]．

　品質差別化戦略は，製品の信頼性や耐久性が高い，あるいは高付加機能がついているといった機能品質で競合企業と差別化を図ることをいう．デザイン差別化戦略は，ドミナントデザインと異なる設計に基づいてユニークな形状を提供することで差別化を図ろうとすることをいう．サポート差別化戦略は，製品購入時の特別控除や24時間配達，付属品の提供などのさまざまなサ

ポートを行うことで差別化を図ることをいう．ただし，競合企業と比較して提供するサービスがありふれたものにならないよう常に注意を払う必要がある．イメージ差別化戦略は，製品の中身で独自性を出すのではなく，広告や製品のパッケージなどのマーケティング手法を用いて何らかの違いを装うことをいう．無差別化戦略とは文字通り差別化をしないことをいう．業界には何らかの差別化をしようという意志やスキルをもたない経営者が存在する．彼らは業界の標準品を生産することを目指す．価格差別化戦略とは，業界で低価格製品を提供することである．ただし，製品の基本的機能は最低限標準的であることが条件である．この戦略も無差別化戦略と同様，主に製品機能による差別化がむずかしい場合に行われるべき戦略である．

　一方のスコープ戦略は以下の4つに分類される．無細分化市場戦略は，単一市場とみなせる標準製品が広く普及しているような市場を対象にすることをいう．細分化市場戦略とは，何らかの基準を用いて市場を細かく分類し，そのうちのいくつかのセグメント市場を対象とすることをいう．ニッチ戦略とは，特定のセグメント市場のみを対象とすることをいい，カスタマイズ戦略とは，特定のセグメント市場の中の一人ひとりの顧客を対象にすることをいう．

　基本戦略によって事業の戦略目標やターゲット市場を決定した後，企業は自社内のどこに顧客に認められる経済的価値を生み出す源泉や阻害要因があるのかを把握し，必要に応じて強化および改善する必要がある．それを分析するツールにバリューチェーンという概念がある．これはポーターが提唱した概念で，競争優位は企業内の活動単位，あるいは活動単位間の相互作用によって生まれるとし，経済的価値を生み出す活動単位を機能ごとに分解し，活動単位ごとの強みや弱み，さらに各活動単位の相互作用について分析し，理解するものである（図表5-3）．

　バリューチェーンは，「価値活動」と「マージン（利益）」から構成される．価値活動とは何らかの経済的価値を生み出す活動で，調達，生産，販売

図表 5-3　ポーターのバリューチェーンのフレームワーク

	全般管理				
	人事・労務管理			マ	
	技術開発			ー	
	調達活動			ジ	
購買物流	製造	出荷物流	販売・マーケティング	サービス	ン

| マーケティング管理 | 広告 | セールス部隊管理 | セールス部隊の動かし方 | テクニカル文献 | 販売促進 |

出所）Porter, M.E., *Competitive Advantage*, Free Press, 1985, p.46.（土岐坤他訳『競争優位の戦略』ダイヤモンド社，1985年，58ページ）

といった機能ごとに分解することができる活動単位のことを意味する．マージンは企業が生み出した全ての経済的価値と価値活動を遂行するために要した総費用との差と定義されている．厳密には異なるが，実務上，純利益と考えて差し支えないだろう．

　価値活動は，「主活動」と「支援活動」に大別することができる．主活動は製品やサービスを作り出すために必要な原材料の調達，加工，輸送，販売，販売後のサービスといった一連のビジネス・プロセスの各要素のことで，①購買物流，②製造，③出荷物流，④販売・マーケティング，⑤サービスといった活動からなる．支援活動は主活動をサポートする活動を意味し，①調達活動，②技術開発，③人事・労務管理，④全般管理といった活動からなる．これら活動単位からどうすれば自社が目指す経済的価値を効率的に生み出せるのかを検討し，必要に応じて各価値活動をさらに細分化して定義し，それぞれの活動単位の必要／不必要，統合／分散，付加／廃棄，強化と

いった判断を行う必要がある．

　バリューチェーンを分析する際に気をつけなければならないことは，「個々の価値活動ごとが生み出した経済的価値を足し合わせたもの」と「バリューチェーン全体を通じて生み出した経済的価値の総量」が一致しないということがしばしば起こる点である．これは，ある価値活動の最適化が他の価値活動にとって障害となり，全体のパフォーマンスが低下したり，価値活動のつなぎ方の巧拙で全体のパフォーマンスに差が生じるといったことが起こりうるからである．これはバリューチェーンが個々の独立した活動の集合ではなく，相互に依存した活動のシステムであることを意味する．そのため，企業は個々の価値活動ごとが生み出す経済的価値をできるだけ高めつつ，同時に活動単位の連結関係を調整し，全体最適を追求することが求められる．

　NECではNECダイレクトという名称でPCの直販を行っているが，電子化した受注情報に基づき，部品の在庫管理，製品の生産，梱包などの作業を行っている．従来は受注情報をバーコードに転換していたが，バーコードは紙に印刷しなければならない，読み取り作業が多いなどといった問題があり，いっそうの効率化を図るために，受注情報をRFIDタグに転換し上記の作業を行った．その結果，ペーパーレスの実現および読み取り作業の激減などにより作業効率が30％向上し，更なる納期短縮に貢献したという[3]．このような全体最適の向上に関する見直しはバリューチェーンを使うと行いやすい．

　ところでバリューチェーンの構成は業界ごとにかなり異なっている．また個々の企業ごとにみてみると，それぞれの企業の歴史や保有する経営資産の違いによって異なる部分も少なくない．そのため欧米のコンサルタントの間では，実務上，バリューチェーンをさまざまな形に作り変えて利用している場合が多い．

　さて，バリューチェーン分析を通じて自社が行っている活動単位ごとの強さや弱さの源泉を理解するということは，その源泉となっている経営資源やケイパビリティを特定するということとほぼ同義である．つまり経営戦略を

検討していく上において，企業が保有する経営資源を吟味することが経営戦略の基礎になるといえる．ここに戦略的ポジショニング論と資源ベース論との接合点がある．

5.2 資源ベース論とVRIOフレームワーク

　1980年代の経営戦略論の主流であった戦略的ポジショニング論は論理的であり，合理的なアプローチであるが，環境決定論的な色彩が強く，経営者の資質や信念といった属人的側面，企業文化や経営理念といった定性的側面，あるいは組織学習やイノベーションといった動態的側面などが考慮されていないといった指摘が90年前後からさまざまな研究者によって指摘された．中でも経営資源やケイパビリティの違いから業績の違いを説明しようとする資源ベース論の立場からの研究が多くなされた．ルメルト（Rumelt, P.）はアメリカの1,292社の20年間にわたる資本収益率を調べ，同一産業内の企業の利益率のばらつきが産業間の利益率のばらつきよりも大きいことを実証し，業界構造などの外的な要因よりも個別企業の経営資源などの内的な要因の方が企業業績を左右すると主張した[4]．

　資源ベース論は企業を単なる事業単位や管理単位の束としてみるのではなく，経営資源の束としてみるべきだと主張したペンローズ（Penrose, E.T.）に端を発する．このアプローチでは企業ごとに特異で複製に多額の費用がかかる経営資源に着目し，こうした経営資源を活用することによって，企業は競争優位を獲得できると捉える．

　資源ベース論の第一人者であるバーニー（Barney, J.B.）は，競争優位の源泉となり得る企業内の経営資源およびケイパビリティを特定するための分析枠組みとして「VRIOフレームワーク」を提唱する．この枠組みは，企業が保有する経営資源やケイパビリティが競争優位の源泉であるか否かを判断するための4つの質問から構成されている．以下はその4つの質問である．

　① 経済的価値（Value）に関する質問：その企業の保有する経営資源やケ

イパビリティを用いることで外部環境の機会（チャンス）や脅威（リスク）に適応し得るだけの経済的価値があるか．

② 稀少性（rarity）に関する質問：現在，その経営資源やケイパビリティを保有しているのはごく少数の競合企業だろうか．

③ 模倣困難性（imitability）に関する質問：その経営資源やケイパビリティを保有していない企業が同じものを複製あるいは代替によって模倣するために，多額の費用を支払う必要があるか．

④ 組織（organization）に関する質問：企業が保有する経済的価値があり稀少性が高く，模倣コストの大きい経営資源やケイパビリティを活用するために，組織の方針や仕組みが整っているか．

　企業が保有する経営資源やケイパビリティが強みであるためには，まずそれらに経済的価値がある必要がある．ここでいう経済的価値があるという状態は，企業がそれらの経営資源やケイパビリティを活用することによって外部環境に存在するチャンスをうまく活かして収益を獲得することができるか，あるいは外部環境におけるリスクを回避する，ないしは，無力化することができる状態のことをいう．たとえば，急成長する市場にすばやく参入し収益を獲得できる企業はチャンスを活かすことができる経済的価値の高い経営資源やケイパビリティを有していると判断できる．具体的に，近年，急速に拡大するデジタルカメラ市場では光学技術，精密機械技術，エレクトロニクス技術といった技術分野での蓄積が求められ，各社は保有する要素技術やノウハウを活かした製品開発を展開し収益拡大に努めている．現在，キヤノン，リコー，オリンパス，ニコン，コニカミノルタ，富士フィルムなどのカメラメーカー勢とパナソニック，ソニー，カシオなど電子機器メーカー勢が入り乱れて競争している．これらの企業はいずれも外部環境のチャンスをいち早く察知し，それを活かしたという意味で，経済的価値の高い経営資源やケイパビリティを有しているといえる[5]．

　しかしながら，いくら経済的価値がある経営資源やケイパビリティであって

も多くの企業が保有する広く普及したものは競争優位の源泉たりえない．このことは業界が拡大している成長期にはあまり問題にならないが，業界が成熟期に達すると競合企業との差別化がむずかしくなり，顕在化する．逆にいえば，経営資源やケイパビリティの稀少性が高ければ競争優位の源泉となる．

　携帯電話市場を誕生期から市場を牽引するNTTドコモはさらなる市場拡大のために，携帯電話を音声情報だけではなくデータ情報をやり取りする情報端末と位置づけ，1999年にiモードを開発した．iモードは顧客の強い支持を受け，マーケットシェアを大いに高めた．このようなサービスの提供を可能にしたNTTドコモの技術力は競合企業と比較して非常に高く，稀少性がある．NTTドコモはその後も2003年に競合企業に先駆けて第3世代携帯FOMAを市場に投入するなど，高い技術力を背景に市場リーダーとしての地位を保っている．

　経済的価値が高く，稀少性が高い経営資源やケイパビリティは市場競争においてある程度の成功を約束してくれる．しかしながら，企業にとって問題なのは，その市場競争での成功が持続するかどうかである．成功をもたらしてくれた経営資源やケイパビリティを競合企業もすぐに模倣できるのであれば，市場での成功は一過性のものとなってしまう．それゆえ持続的な競争優位を獲得するためには経済的価値が高く，かつ稀少性の高い経営資源ができるだけ競合企業に模倣されないことが重要となる．このとき初めてその経営資源やケイパビリティは持続的競争優位の源泉となり得る．

　模倣には2つの形態がある．1つは直接的複製による模倣であり，もう1つは代替による模倣である．複製にせよ，代替にせよ，模倣に要する費用が大きければ大きいほど模倣困難性が高いといえる．模倣コストを大きくする要因としてバーニーは以下の4つ，① 独自の歴史的条件，② 因果関係不明性，③ 社会的複雑性，④ 特許，を挙げている．

　独自の歴史的条件とは，「いつ，どこに，誰がいたか」といった歴史的経緯のことを指す．何らかの歴史的経緯がその企業の競争優位の源泉となる経

営資源やケイパビリティの形成に影響を与えている場合，歴史的条件を再現することは困難なため，模倣がむずかしくなる．

たとえば，1837年にパリに馬具製造工房として創業したエルメスは，「馬車こそが最高のステータス」とされ，馬車に贅をきわめた装飾をすることが好まれた19世紀後半，皮革加工に関する高い技術力を背景に高級馬具製造工房としての地位を確立した．さらに1878年にパリ万博の馬具部門でグランプリを受賞することで，ヨーロッパの王侯貴族やロシア皇帝御用達のブランドとして確固たる地位を確立した．その後，20世紀初頭に自動車の台頭によって馬具需要が低下する中，馬具以外に鞄や財布などの皮革製品の製造・販売の多角化に成功し，スムーズに業種転換を果たした．業種転換がスムーズに成功した背景には皮革加工に関する高い技術力，高いブランド力に加え，流行に敏感なパリに工房をもっていたことが大きい．また第3代社長エミール・モーリス・エルメスがルノー自動車の創始者と幼馴染みだったため，彼との会話の中で，早い時期から自動車社会の到来を予見できたともいわれている．このような歴史的経緯がエルメスの初期の成功に貢献し，その後にも多大な影響を及ぼしている．

事業を始めたタイミングや場所の他に，ビジネスを展開する初期に行った事業活動の積み重ねが後々に大きな影響を与える場合もある．このことを経路依存性という．エルメスの事例でいえば，エルメスは創業以来，全ての皮革製品は熟練職人が全製造行程を一人で受け持ち，全て手縫いで作り上げているという．その証明として職人の頭文字と製造月日が製品につけられる．高い品質を維持するために高度な技術と職人気質を大切にするというポリシーは時計やアクセサリー，香水などにおいても踏襲されているという．

因果関係不明性とは，模倣対象となる経営資源やケイパビリティと競争優位との関係がよく理解できない状態，あるいは，競争優位をもたらした経営資源やケイパビリティを特定するための複数の仮説はもっているものの実際にはそれが正確に特定できないといった状態のことをいう．このとき，競合

企業が模倣しようにも何を模倣してよいのか曖昧でわからないため，模倣が困難となる．たとえば，高い集客力と収益性を誇るディズニー・リゾートはその強さの源泉として，ディズニー・キャラクターのブランド力，大都市圏からのアクセスの良さ，娯楽施設の精度の高さ，巧みなパーク・レイアウト，従業員教育の質の高さ，さまざまな要因が指摘される．これらは全てが成功要因であり，競争優位との相関関係があることは確認できるが，因果関係を導き出すのは非常にむずかしい．なぜなら，これら成功要因をすべてとはいわないまでも多くを模倣すればディズニー・リゾートに近似した競争優位を得ることができるかといえばそうとはいえないからである．実際，USJ（ユニバーサル・スタジオ・ジャパン）はキャラクター・ブランド，アクセス，娯楽施設の精度，パーク・レイアウトのいずれにおいても申し分ない経営資源を備えているものの，2002年度の入場者数，売上高をみるとディズニー・リゾートが約2,482万人，約2,758億円であったの対して，USJは約764万人，約758億円に過ぎず，集客力や売上高で遠く及ばない．この他，多くのテーマパークがディズニー・リゾートを手本にさまざまなことを模倣しているが，数値でみる限りにおいてディズニー・リゾートに匹敵するテーマパークは日本に存在しない．このことは目にみえる成功要因のほかに目にみえない成功要因が存在することを示唆する一方で，成功要因と指摘されるものと競争優位との因果関係が曖昧であるといわざるを得ない．このように経営資源やケイパビリティの因果関係不明性が高い場合，模倣困難性は高くなる．

　社会的複雑性とは，経営資源やケイパビリティそのものが社会的に複雑な現象であり，企業がシステマティックに管理することがむずかしい状態のことをいう．たとえば，組織文化やマネジャー間の緊密な人間関係や相互コミュニケーション能力，供給業者や顧客の間での評判などがこういった特性をもつ経営資源やケイパビリティといえる．こういった経営資源やケイパビリティを計画的に作り上げることは，企業内部で自然に進化し醸成される場合と比較して非常に困難である．なぜなら，これらが企業の効率性や企業活動

の効果を高めることが理解できても，個人の思考パターンや組織の行動原理には前述した経路依存性が働くため，理解しただけでそれを直ちに模倣できないからである．たとえば高い生産性をもつトヨタ生産システムを解剖学的に理解し導入を試みても，トヨタ生産システムを支えるパースペクティブや長い時間をかけて現場に蓄積している暗黙知などを移転することは容易ではなく，模倣には時間がかかる[6]．工学的視点から施設や仕組みを模倣することは比較的容易であるが，その裏に潜む多種多様な社会的に複雑な経営資源やケイパビリティを模倣することはむずかしい．それゆえ社会的複雑性の高い経営資源やケイパビリティを多く必要とする場合，模倣は困難となる．

特許制度とは，「発明をした人に対して，その技術を公開してもらい，その代償として一定の期間，一定の条件下でその技術に対しての独占権を与える」というものであり，その目的は発明者の権利保護と模倣品の排除にある．発明者は特許を出願した日から20年間，発明した成果に対する独占権を得ることができるため，特許は競合企業に対する大きな模倣障壁となり得る．ただし，特許出願の際には大量の情報開示をしなければならないため，模倣に関する重要な情報を競合企業に提供する可能性もある．つまり，直接複製による模倣はできないものの，代替による模倣をされる恐れが高まるため注意を要する．

経済的価値があり，稀少性が高く，模倣困難性が高い経営資源やケイパビリティを多く保有すれば，企業は自然に持続的競争優位を得ることができるかといえば，そうではない．企業は保有する競争優位の源泉となり得る経営資源やケイパビリティを無駄にすることなく十分にその潜在力を引き出すために，共有可能な組織の目的を明確にし，参加者の貢献意欲を高め，相互コミュニケーションが円滑に行われるような工夫をする必要がある．すなわち，「組織の有効性」と「組織の能率」を高める協働システムを構築しなければならない．組織の有効性とは，構成員の貢献を最大限有効に活用することをいい，組織の能率とは，構成員の貢献意欲を喚起・維持するため成果配

分を公正に行うことをいう．そのために構成員の職務分担の整合性を図り，公式の命令・報告系統，情報管理・共有システム，人事評価システム，報酬体系などを経営資源やケイパビリティを適切に活用できるよう合理的に整備することが求められる．組織の方針や仕組みを整えることはそれ単独では競争優位を生み出す力が大変限られているため，補完的な経営資源およびケイパビリティといえる．

さて，ここで，ここまで検討してきたバーニーのVRIOフレームワークを用いた考え方を確認してみる．

経営資源やケイパビリティに経済的価値がない場合，それを用いることで外部環境に存在するチャンスを活かしたり，リスクを無力化することはできない．こういった経営資源やケイパビリティに依拠した経営戦略を検討することは費用を増大させるか，売上高の減少を導く．そのため，そのことに気づいた時点で速やかに修正することが必要となる．前章でブリタニカが販売員によるネットワーク網に固執することで急速に業績を悪化させた事例を紹介したが，環境変化によって一瞬にして経済的価値が失われる経営資源もあるため，常に注意が必要である．

経済的価値があるものの，稀少ではない経営資源を利用することは競合企業と差別化することがむずかしいため，業界の平均的な利益しかもたらさない．それゆえ稀少性を高めるよう工夫をする，あるいは平均的な収益であっても利益が生み出せる組織を構築するといった対応が求められる．

経済的価値があり稀少でもあるが，模倣困難性が低い，つまり模倣コストが低い経営資源は一時的には競争優位の源泉となり得る．多くの場合，この種の経営資源やケイパビリティを業界で最初に利用することで先行者として平均以上の利益を獲得する．しかしその後，競合企業が模倣を完了した時点で利益水準は業界平均に収斂していく．したがって，模倣を困難にするために経営資源の因果関係不明性を高める工夫や特許などを利用することを検討する必要がある．また，競合企業よりもいち早く経験や情報を入手できるた

め，これを活かした展開を事前に計画する必要もあろう．

　経済的価値があり，稀少性があり，模倣困難性も高い経営資源やケイパビリティは，高い水準の利益をもたらし，同時に，競合企業が模倣によって対抗しようとする場合，模倣に要する費用が大きいため，競合企業の行動を制約する，ないしは利益を減じさせる．その意味で，この種の経営資源やケイパビリティを蓄積することが企業の重要な目標となる．

　ただし，上記のような経営資源を効果的に活用できなければ，大きな利益損失を招く．そのため，前述のバリューチェーンを十分に吟味することで，競争優位の源泉となり得る経営資源やケイパビリティを特定し，その潜在力をうまく引き出す組織の方針や仕組みを構築する必要があるといえる．

　以上でみてきたように，自社が保有する経営資源の経済的価値，稀少性，模倣可能性を吟味し，その上で経営資源を活かすための協働システムとしての組織を検討するというVRIOフレームワークの一連のプロセスは企業内の強みと弱みを理解する上で論理的かつ合理的であり，有効性が高い枠組みといえよう．

5.3 経営資源とケイパビリティの定義

　ここまで経営資源，ケイパビリティの定義を行わずに利用してきたが，ここで経営資源とケイパビリティについて考えてみたい[7]．これらの言葉の定義には一般的なコンセンサスがない．

　バーニーは，経営資源とケイパビリティを同義語としてとらえ，経営資源を，「企業の効率や効果を高める戦略を立案したり，実行する際にコントロールできる直接ないし間接的に利用される資産や能力」と定義する．そして，経営資源を財務的資本，物的資本，人的資本，組織的資本の4つに区分する．この分類方法における「財務的資本」とは，運転資金や設備投資資金，内部留保される利益などをさす．「物的資本」とは，企業内に蓄積する物理的技術，工場や機械設備，企業の地理的な位置，原材料へのアクセスな

図表5-4　経営資源の分類

	財務的資源	物的資源	人的資源	組織的資源
可変的 (調達容易) ↑ ↓ (調達困難) 固定的	外部導入資金 長期固定的 な自己資本 高度な財務 運用ノウハウ	原材料や簡単な 機械設備類 大規模な 工場設備 知識レポジトリ 物理的技術 立地 特許権等の知的財産権 技術的優位性 ローコスト生産システム	短期契約の労働者 販売員 技術者 従業員の モラルの高さ・志気 熟練労働者の保有 するスキル・ノウハウ 経営者のリーダーシップ	 組織構造 公式・非公式の 調整システム 経営理念・ビジョン 取引上の機密・契約 ビジネス・モデル ブランドの知名度 顧客の信用・評判

調達容易：外部市場からの調達が容易
調達困難：外部市場からの調達が容易ではなく，獲得および蓄積に時間とコストがかかる

出所）Barney（2002），伊丹敬之（1980）を参照に筆者作成

どであり，「人的資本」とは，工場で働く現場労働者，技術者，販売員，管理者，経営者など直接，間接に経営活動に参加する人と彼らが保有する経験，判断，知性，洞察力，人間関係を意味する．「組織的資本」には，企業内部の公式な報告ルートを反映した組織構造，公式・非公式の計画・管理・調整のシステム，企業内部のグループ間での非公式な関係，自社と他企業との関係などが含まれる．

図表5-4はバーニーの基本的な分類に基づき，外部市場からの調達の難易度で経営資源を再分類したものである．一般に外部市場からの調達が容易ではない経営資源は稀少性が高く，模倣に時間を要する．図表5-4の下部に記したような技術，特許や著作権などの知的財産権，取引上の機密，契約，ライセンス，従業員の専門知識や熟練（skill），経験，ノウハウ，従業員や組織のネットワーク，知識レポジトリ，ブランドの知名度，顧客の信用

や評判，イメージ，経営者のリーダーシップ，従業員の志気，などは企業の資産として価値が高く，持続的競争優位の源泉となりうる．

資源ベース論では経営資源とケイパビリティを区別し，さらに細分化して定義する研究者もいる．グラント（Grant, R.M.）は，経営資源は企業に保有されている利用可能なストックであるのに対して，ケイパビリティはストックである経営資源を活用する組織的能力であり，両者は区別すべきと主張する．

彼の定義によれば，経営資源を経営活動のためのインプットであるとし，設備投資資金，運転資金などの「財務的資源」，工場や機械設備，原材料や部品，営業所などの建物や自動車などの「物理的資源」，労働力を提供する工場労働者，技術者，セールスマン，管理職，経営者，このほか人間が保有する経験，スキル，ノウハウ，知恵などの「人的資源」，企業内に蓄積されている技術，情報システムなどの「技術的資源」，企業に対する信頼度，ブランド価値，イメージといった「名声・評価」，計画システム，企業内の統制および調整システム，人間関係などの「組織的資源」，の6つに区分している[8]．

一方，ケイパビリティは企業のさまざまな経営資源を配置し，調整・統合する組織的な能力と定義し，製品イノベーション力，製造工程の柔軟性，市場トレンドへの迅速な反応，短期間での製品開発，などであるとする．ケイパビリティは組織過程を通じて研究開発能力，マーケティング能力，戦略策定能力などのように企業レベルで物的，人的，技術的資源を組み合わせた機能としても表現される．ハメル（Hamal, G.）らが「顧客に対して，他者には真似のできない自社ならではの価値を提供する企業の中核的な力」と定義するコア・コンピタンスの概念に近い．

グラントによると，経営資源，ケイパビリティのいずれも経済的価値があり，稀少性が高く，模倣が困難な時，持続的競争優位の源泉となりうるが，経営資源を効果的に蓄積・獲得し，活用しうるケイパビリティが貧弱だと経営資源の潜在性を引き出すことができないため，持続的競争優位を獲得し得

ない．その意味で，ケイパビリティの強化のために経営資源を効果的に活用するための組織的学習が企業内で常に促進される必要があると論ずる．

　経営資源，ケイパビリティを区別するにせよ，しないにせよ，実務においてこれらは曖昧にしか定義できない．大切なことはこれら自社の戦略目標とターゲット市場を明確にし，その実現のためにバリューチェーン分析を行い，どの価値活動においてどんな経営資源やケイパビリティが競争優位の源泉として作用するのかを吟味し，ストレッチすることである．また組織的学習が継続的に行われるような組織の制度面，風土面での整備を進めることも重要であろう．

注）
1) ポーターはこの状態を「窮地にたつ（stuck in middle）」と表現している．なお，彼は基本戦略について，90年の論文で若干の修正を加え，さらに96年の論文で事業戦略の本質は差別化であると論じ，新たな概念を提示している．
2) ミンツバーグは事業の基本戦略には，①配置の決定，②差別化の内容と競争範囲の決定，③浸透および拡大方法の決定，④水平・垂直方向の統合に関わる決定，⑤既存事業の方向性の再定義に関わる決定，の5つがあると論ずる．その上で，事業の具体的な特徴を決定するための戦略として，差別化戦略とスコープ戦略を提示している．
　　Mintzberg, H. and Quinn, J.B., *The Strategy Process* 3rd, Prentice Hall International, 1996, pp. 70-82.
3) 2004年12月2日，インタビューより．
4) Rumelt, R.P., "Theory, Strategy, and Entrepreneurship", Teece D.J. eds., *The Competitive Challenge*, Ballinger, 1987, p. 141.
5) デジタルカメラ市場の拡大には，PCの家庭への普及に伴い，電子データを気軽に取り扱える消費者が増大した，デジタルカメラの主要部品であるCCDやCMOSといったセンサー部品や画像処理部品の高度化，記録媒体の集積度の向上，従来の写真店でもデジタル写真の現像サービスの環境が整ってきた，などの外部環境要因も指摘される．
6) 80年代半ばからGMやフォード，による日系自動車企業の生産システムの研究および模倣が開始された．その典型的な事例としてGMとトヨタが1984年に設立した合弁会社NUMMI（New United Motor Manufacturing Incorporated）が挙げられる．この合弁事業の出資比率はトヨタ，GMともに

50％ずつで，生産における技術・製造はトヨタが，販売を GM が担当した．GM はトヨタとのこの共同事業に数十人の経営スタッフを送り込み，知識習得に励んだといわれる．この他，80年代半ばから90年代における日本自動車企業の高効率な生産システムに対する米国自動車企業のキャッチアップに関しては以下の本を参照のこと．藤本隆弘『能力構築競争』中公新書，2003年．
7) 経営資源に関する定義は，以下の論者の論文も参照した．ワーナーフェルト (1984)，バーニー (1991)，グラント (1991)，ホール (1992) アミットとシューメーカー (1993)，小林 (1999) などを参考にしている．
8) Grant, R.M., "The Resource-Based Theory of Competitive Advantage: Implications for Strategy Formulation", *California Management Review*, Vol.33 No.3, 1991, pp. 114-135.

◆参考文献

Amit, R & Schoewaker, P.J.H, "Strategic Assets and Organizational Rent", *Strategic Management Journal*, 14, 1993, pp.33-46.

Barney, J., Firm Resources and Sustained Competitive Advantage, *Journal of Management*, 17 (1), 1991, pp.99-120.

Barney, J B., *Gaining and Sustaining Competitive Advantage* (2nd), Prentice Hall, 2002.（岡田正大訳『企業戦略論』ダイヤモンド社，2003年）

Grant, M., "The Resource-based Theory of Competitive Advantage : Implications for Strategy Formalation", *California Management Review*, 33, 1991, pp.114-135.

グロービス・マネジメント・インスティテュート編『MBA 経営戦略論』ダイヤモンド社，1999年

Hall, R., "The Strategic Analysis of Intangible Resources", *Strategic Management Journal*, 13, 1992, pp.135-144.

Hamel, G. and Prahalad, C.K., *Competing for the Future*, HBS Press, 1994.（一條和生訳『コア・コンピタンス経営』日本経済新聞社，1995年）

伊丹敬之『経営戦略の論理（第3版）』日本経済新聞社，2003年

小林喜一郎『経営戦略の理論と応用』白桃書房，1999年

Mintzberg, H. and Quinn, J.B., *The Strategy Process* 3rd, Prentice Hall, 1996.

Wernerfelt, B., "A Resource-based view of the firm", *Strategic Management Journal*, 5, 1984, pp.171-180.

第6章

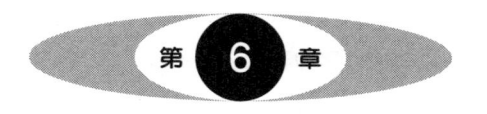

ナレッジ・マネジメントと知識創造

6.1 経営資源としての知識の重要性

　近年,米欧ひいては日本において「ナレッジ・マネジメント（Knowledge Management)」という新たな経営理論・手法が脚光を浴びている．ナレッジ・マネジメントとは,「個々人の知識や企業の知識資産（Knowledge Asset)を組織的に集結・共有することで効率を高め価値を生み出すこと．そして,そのための仕組みづくりや技術の活用を行うこと[1]」と定義される．

　ナレッジ・マネジメントの現実的契機は,1990年代初頭のアメリカにあった．この時期のアメリカは日本企業の攻勢を受け,企業競争力の新たな源泉を見い出そうとしていた[2]．しかし,熾烈な競争環境の中,多くの企業が現実に行ったことはリストラクチュアリングに名を借りた大量の人員削減であった．このことは人材とともに知識の流出をまねく．知識をもつ者の退職は,ほどなく当該企業の多額の損失へとつながった．そこで知識の回復を目途とし,個人の知識を組織的なシステムの中で維持しようとする方法が模索される．つまり,この時期には知識を管理する手法としてのナレッジ・マネジメントが求められたのである．

　マクロに目を転じ,ナレッジ・マネジメントが世界の耳目を集める要因をもう1つ考えよう．経営学の泰斗たるピーター・ドラッカー（Drucker, P. F.)は,ポスト資本主義社会をいち早く洞察した．彼は,資本主義社会の後には,「知識社会」の時代がくると説く．そして知識社会においては,知識

が経済資源の中核をなし、その知識を司る「知識労働者（knowledge worker）」が最も重要な社会勢力になると提唱した[3]．従来型の産業中心の資本主義下にあっては、低賃金による労働者雇用が容易に行えたため、機械制工場をもつだけで利潤の確保ができた．したがって、機械や設備等の有形資産の価値は高かった．しかし、産業資本主義後の時代には機械や設備の価値が急速に下落する．これまでのような単なる工場所有では利潤を生み出しにくくなる．利潤は差異性からしか獲得しえない．そこで企業は新たな行動（新たな製品開発・技術導入・市場開拓）に打って出る．これらにより、意識的に差異性を創造しなければ、利潤を生み出せないからである．結果、差異性そのものというべきブランド名や特許権などの重要性が急速に高まる．すなわち、有形資産に換わり、具体的な物の形をとらない知識資産の価値が大きく上昇するというわけである．かくして知識の差異性を創造する源泉としての役割は飛躍的に拡大する．同時に、その論理基盤としてのナレッジ・マネジメントに大きな期待が寄せられるのである[4]．本章では、こうした背景を念頭に置き、ナレッジ・マネジメントの内容把握に取り組みたい．

6.2 知識の概念

ナレッジ・マネジメントを論じるとき、まず疑問に思うのは、「知識」をどのような意味合いから用いるのか、また知識とデータや情報との違いは何かといったことである．そこで本節では、論をすすめるうえでの語義上の混同を避けるため、これらの用語の定義を示しておきたい．

図表6-1は、データ、情報、そして知識の階層性を表わしている．「データ」とは人間や機械がやりとりする信号や合図を総称するものである．そして「情報」とは、このデータの中で受け手が理解できた部分を指す．情報の受信者は、それを利用して新たな情報を得たり、別の技能を身につけたりする．こうして2次的に得られた情報や技能の集合体を知識という概念で捉える．つまり「知識」とは、情報として提供された原料を脳が処理（思考や認

図表6-1 データ，情報，知識

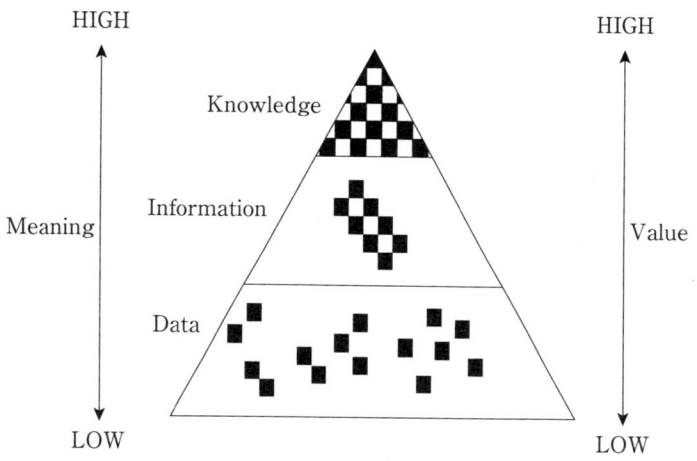

HIGH ↑ Meaning ↓ LOW

Knowledge / Information / Data

HIGH ↑ Value ↓ LOW

出所) Burton-Jones, A., *Knowledge Capitalism*, Oxford University Press, 1999, p. 6.

識）するプロセスから生まれたものと定義できる[5]．

　情報の価値は，受信者の知識レベルにより違ってくる．データを入手しても，前提となる知識が不足していれば，その理解度も当然ながら低い．反対に知識量が豊富であれば，新しいデータの価値を整然と評価し，それを有効に活用できるのである．

　知識の根幹には「真理（truth）」があるとみなされる．これは知識特有のものであり，データや情報には通常みられない．豊富な知識を備えることは，将来における適正な意思決定の確からしさを担保することにつながるのである．

　上述のような定義づけに従えば，知識は情報を包括する概念といえる．また，情報は知識の素材であると同時に，体系化された知識を広める媒体でもある．従来の経済・経営理論の多くは，情報と知識の区別を捨象したものであった．だが実質的には，両者は強い補完関係にあるとはいえ，互いに異な

図表6-2　情報の時代とから知識の時代へ

情報の時代	知識の時代
● 有形（ハード資産）が価値の源泉 ● 工場（製品）が利益を生み出す ● ホワイトカラーが情報処理 ● 階層化・分業，特例的協業 ● 定型的業務プロセス ● ホワイトカラー（中間職）は管理費：人員削減は利益創出	● 無形（知識）が価値の源泉 ● 人と組織（知）が利益を生み出す ● 知識ワーカーが知識活用・創造 ● 多元的組織・チーム，協業が基本 ● 非定型的業務，能動的プロセス ● 知識ワーカーは「生産原価」の発想：投資すれば価値創出

出所）野中郁次郎・紺野登『知識経営のすすめ―ナレッジマネジメントとその時代』筑摩書房，1999年，7ページ

る性格をもっているのである．

　さて，われわれはいま「情報の時代」を生きている．個人も企業も溢れかえる情報の対処に苦慮する毎日である．進みすぎた情報社会[6]の先には，それを超える新たな枠組みが期待される（図表6-2参照）．

　知識の獲得や創造は人間の頭脳だけが可能とする．そして，その知識はさまざまな方面に影響をもたらす．ゴーイング・コンサーン（永続事業体）としての企業では，人的資本や顧客資本，そして組織資本（システムや製品，業務プロセス，ケイパビリティなど）といったものの中に知識が存在している．有形資産よりも，はるかに多くの知識資産をもつ企業も少なくない．今日では，従来型の有形資産に対する社会ニーズが減少傾向をみせ，知識の集積が急速に拡大していることは前述したとおりである．このため，あらゆる知識は新たな企業社会における主要資産として，ますます重視されている．

　以上のように，知識は企業にとって最も重要な経営資源[7]であり，また経済成長の原動力である．このことは，どれほど多くのデータや情報が生まれ出ようが，いかなる補助的手立て（たとえば，ITの効果的使用）がとられようが，何ら揺らぐことはない．したがって，ナレッジ・マネジメントの論考をすすめるには，「管理する情報」ではなく「経営するための知識」といった，より広範で説得力のある概念を用いる必要があるといえよう[8]．

6.3 ナレッジ・マネジメントの知識観

　ナレッジ・マネジメントの理論形成の淵源は，野中郁次郎と竹内弘高が著した *The Knowledge-Creating Company*（梅本勝博訳『知識創造企業』東洋経済新報社，1996年）に求められる．彼らは一連の研究から「知識主体としての個人と組織，さらには複数の組織が，知の共創を行っていくことにより，組織全体の暗黙知と形式知の相互作用がスパイラル（螺旋状）に増幅され，個人の知と組織の知，そして組織を取り巻く社会の知が共に豊かになりうる」と主唱した．以下では，彼らが構築した理論のあらましを紹介する．

　野中らは，知識をその性格から，「形式知（explicit knowledge）」と「暗黙知（tacit knowledge）」という2つのタイプに区分する[9]．図表6-3は両者の特徴を対比させたものである．これによれば，形式知は言葉や文章で表現できる客観的かつ理性的な知識をいう．具体的には数値化されたデータ，既存の方程式，公知の規則，明文化された業務手続きなど，他者との伝達〜共有が容易にできる知識である．これに対する暗黙知とは，言葉や文章で表すことのむずかしい主観的かつ身体的な知識を指す．端的にいえば，個々人の思い（信念）から構成され，全五感を通じて獲得される経験に基づく知識である[10]．暗黙知と形式知の関係は，しばしば「氷山とその一角」として例え

図表6-3　暗黙知と形式知の対比

暗　黙　知	形　式　知
主観的な知（個人知）	客観的な知（組織知）
経験知（身体）	理性知（精神）
同時的な知（今ここにある知）	順序的な知（過去の知）
アナログ的な知（実務）	デジタル的な知（理論）

出所）Nonaka, I. and Takeuchi, H., *The Knowledge-Creating Company*, Oxford University Press, 1995. p. 61.（梅本勝博訳『知識創造企業』東洋経済新報社，1996年，89ページ）

られる．暗黙知は，明示化された形式知を支える，語りきれない膨大な知識なのである[11]．

ここまでを簡約すれば，暗黙知と形式知の主な違いは体系化が容易に行えるかどうか，つまり多くの人が理解できる言葉でたやすく伝えられるかどうかということである．体系化が可能であれば，形式知として直ちに伝達することができる．だが体系化ができなければ，それは暗黙知であり，移転や共有の可能性がきわめて低くなるのである[12]．

次に，これら2つの知識の理解を助けるために身近な事例を引いてみる．まずは寡黙な職人[13]をイメージしてみよう．彼の腕（熟練した技能）は十分信頼できるし，周囲からの評価も高い．だが，その話（言葉）はどうにも覚束ない．これは彼の知識が主観的な暗黙知の領域にとどまっており，客観化されたわかりやすい言語として表に出てこないためである．この状態こそマイケル・ポランニー（Polanyi, M.）の説く，「人は言葉にできるより多くのことを知っている[14]」ということにほかならない．

また，自転車に乗るという行為を考えてみたい．自転車の乗り方を示した手引書や教則本，あるいは部品の名称や働きをまとめた説明書の類は形式知に相当する．しかし，これらを机上で読むだけでは自転車には乗れない．当然，体験によって得られる勘・コツやバランス感覚が必要となる．これらが暗黙知に適するものであり，自らの練習や他人の乗り方を観察するなど五感をもって体得していく．もちろん，この間にはマニュアル（文章）から得た効能が活きている．こうした行動学習の繰り返しが，結果として自転車乗りをより早く覚えさせるのである[15]．

個人や組織に帰属する暗黙知を，いかに共有可能な形式知に転換していくか．これはナレッジ・マネジメントの中心課題の1つである．ただ，ここで注意すべきはナレッジ・マネジメントが形式知と暗黙知のどちらを優位・有用と考えるかといった議論ではないということである．両者は別々のものではなく相互補完的なものである．したがって知識を経時的に創造していくた

めには，形式知と暗黙知の相互作用が図られなければならない．ここに至り野中らは，こうした2知識の相互補完・循環関係を「知識変換（knowledge conversion）」という概念で捉え，知識創造のモデル化へと導いたのである[16]．

6.4 知識創造理論の概要

知識がある主体の内部にとどまっているかぎり，知識増幅の「社会的変換（social conversion）[17]」プロセスは生じない．それを起こすには，知識を他の主体と共有させなければならない．そのためには暗黙知を形式知に変換して移転するか，あるいは暗黙知のまま共有する何らかの段階が必要となる．ただし，暗黙知のままの知識共有は，きわめて限られた部類にとどまるため，多くの場合，暗黙知の形式知への変換が求められる．知識を共有した主体は，暗黙知の共有と形式知による新たな変換を通じて自分の知識を改めて形成する．さらにそれに基づき生み出された新しい知識は，知識創造の新たな社会的プロセスを惹起する．こうして暗黙知と形式知は知的変換による相互循環作用を通じて量的・質的拡大を遂げるのである[18]．

野中らは暗黙知と形式知の社会的相互作用を通じて創造されるという前提に基づき，次に挙げる4つの知識変換モードを創案した．

図表6-4　知識変換の4プロセス

(1) 「共同化」（Socialization 暗黙知→暗黙知）：暗黙知の共有を行う
(2) 「表出化」（Externalization 暗黙知→形式知）：共有した知識を言語化する
(3) 「連結化」（Combination 形式知→形式知）：形式知を概念化し戦略理論としてまとめ上げる
(4) 「内面化」（Internalization 形式知→暗黙知）：まとまった形式知を個々が体得する

出所）紺野登『創造経営の戦略―知識イノベーションとデザイン―』筑摩書房，2004年，184-185ページ

図表6-5　SECIモデル（知識変換の4モード）

```
              暗黙知              暗黙知
        ┌──────────┬──────────┐
        │  共同化   │  表出化   │
 暗黙知  │Socialization│Externalization│ 形式知
        ├──────────┼──────────┤
        │  内面化   │  連結化   │
 暗黙知  │Internalization│ Combination │ 形式知
        └──────────┴──────────┘
              形式知              形式知
```

出所) Nonaka and Takeuchi, 1995. p. 62.

　これは各モードの英語の頭文字をとって，SECIモデルあるいはSECIプロセスと呼ばれている（図表6-5）．

　暗黙知が主観的かつ身体的な知識であることは，すでに述べた．暗黙知はそれゆえ，貨幣価値に換算することも，市場で取引することもむずかしい．したがって，これまでの経済・経営理論では主に形式知を価値・財として取り扱ってきた．しかし実は，暗黙知が市場取引し難いものであるからこそ，利益をもたらす差異性の源泉となりうるのである．そこで企業としては，個人が経験を共有し他者と共感することにより暗黙知の創生を図る．このような主体間における暗黙知から暗黙知への変換過程は「共同化」と呼ばれる．企業には，まず当該プロセスによる独自性の高い暗黙知の蓄積が重要となる．

　共同化によって蓄えられた暗黙知は，対話（共同思考）を主に明確な言語ないし概念として表現される．つまり暗黙知を，直接的な共通経験を有しない第三者にも理解できる形式知に変換していく．これが「表出化」と呼ばれるプロセスである．個人に内在する暗黙知を外に引き出し，他者と共有させ

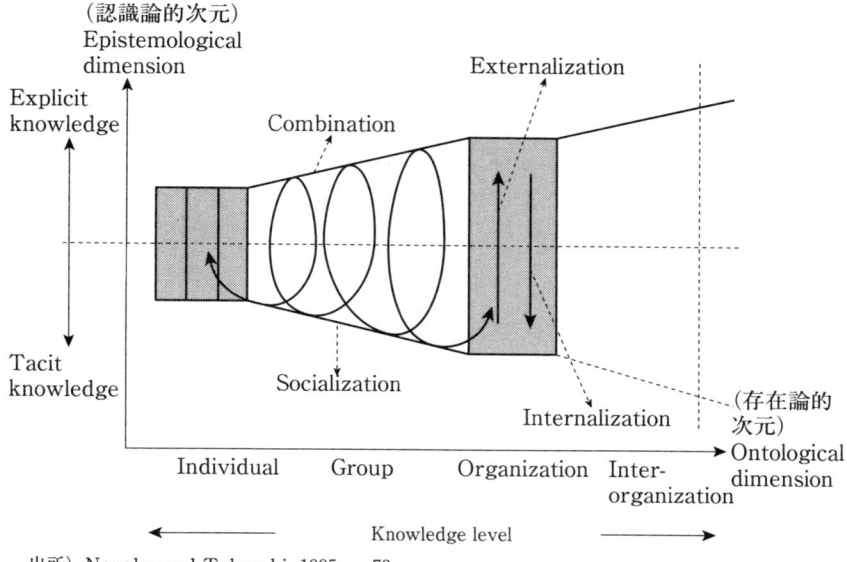

第6章 ナレッジ・マネジメントと知識創造　105

図表6-6　組織的知識創造のスパイラル

（認識論的次元）
Epistemological dimension

Explicit knowledge

Externalization
Combination
Socialization
Internalization

Tacit knowledge

Individual　Group　Organization　Inter-organization

（存在論的次元）
Ontological dimension

Knowledge level

出所）Nonaka and Takeuchi, 1995. p. 73.

　客観化することでさらに発展させるために必要なステップである．野中らはこれを知識創造プロセスの真髄（quintessence）として位置づけている[19]．

　表出化によってグループ・レベルに達した形式知は，他の形式知と組み合わされ組織レベルの形式知に変換される．このような異なる主体間での形式知から形式知への変換過程は「連結化」と呼ばれる．ここでは，たとえば，既存技術の結合による新製品の企画・開発，また書類や会議，その他情報技術などを用いた既存の形式知の編集が行われ組織的な新知識が獲得される．

　こうして組織レベルで創造された形式知は，行動・実践を通じて再び個人の中に採り入れられる．つまり形式知（組織ナレッジ）は，この「内面化プロセス」を経て再び個人の暗黙知（個人ナレッジ）へと体化するのである．

　自己の思いを言葉や製品といった形に具現化し客観化する．次いでそれは他者との共有によって，異なる視点が総合される．そして，そのように創造

された知識は，再度自己の内部に主観的な知識として取り込まれていく．この主観と客観の循環プロセスは，個人がもつ暗黙知の質的・量的な豊かさをもたらす．そして，その暗黙知はきたるべき知識創造プロセスに組み込まれていくのである．

ここに至り野中らは，「組織的知識創造（organizational knowledge creation）[20]とは，4つの知識変換モードを複合的に組み合わせ，形式知と暗黙知の循環を通じて個人の知を組織の知へと発展・昇華させていく，知識の螺旋運動（spiral process）にほかならない」[21]と結論した（図表6-6参照）．

本章では野中郁次郎らによる知識創造理論を援用し，ナレッジ・マネジメントの基礎的理解を図った．これまで論じたことを次のようにまとめておこう．

① ナレッジ・マネジメントとは，「個々人の知識や企業の知識資産を組織的に集結・共有することで効率を高め価値を生み出すこと」である．

② ナレッジ・マネジメントの現実的契機は1990年代初頭のアメリカにあり，その目的は大量リストラによる弊害，すなわち知の流出を挽回するためのものであった．

③ 近年，ナレッジ・マネジメントに対して富みに高まる社会ニーズの背景には，知識社会化の急速な進展がある．

④ 知識は企業にとって最も重要な経営資源であり，また経済成長の原動力である．

⑤ 知識を経時的に創造していくためには，形式知と暗黙知の相互作用が図られねばならない．

⑥ 組織的知識創造とは，4つの変換モードを複合的に組み合わせ，個人知を組織知へと発展・昇華させていくという知識の螺旋運動である．

⑦ 個人／グループの知識が創造・蓄積しやすい環境を提供することが知識創造のための組織の役割である．

今日,知識社会化の急速な進展に伴い,企業を取り巻く環境も混迷をきわめている.変貌を遂げる市場,多様化する技術,多層化する競争,製品の急速な陳腐化,そして企業のあり方についての価値観の多様化など.こうした社会に生きる企業には,新たな知識を創造し,これを広く組織に移転させ,迅速に新技術・製品へと具現化し,組織の内外に普遍化していくといった行動が義務付けられる[22].すなわち,知識こそ最も基本的かつ永続的な競争優位の源泉なのである.ただし,それは経済合理性のみにとらわれない真の意味で人間的な知識社会を構築するための礎であることも野中らは示唆している.

注)

1) 野中郁次郎・紺野登『知識経営のすすめ—ナレッジマネジメントとその時代—』筑摩書房,1999年,7ページ
  なお野中らは,ナレッジマネジメントという概念を,狭義(知識共有)と広義(知識創造と知識資産活用のスパイラル)に使い分けている(同書,51-54ページ).
2) ナレッジ・マネジメントは当初,日本企業の強みを探るための論考でもあった.このことは,当該研究の先駆けである著書(後述)の副題が「How Japanese Companies Create the Dynamics of Innovation」となっていることからも明らかである.
3) 「基本的な経済資源,すなわち経済用語で言うところの生産手段は,もはや,資本でも土地でも労働でもない.それは知識となる.(中略)そして知識社会における最も重要な社会勢力は知識労働者となる.(中略)知識の生産的使用への配賦の方法を知っているのは,知識経営者であり,知識専門家であり,知識従業員である.」(ドラッカー,P.F. 著,上田惇生・佐々木実智男・田代正美訳『ポスト資本主義社会—21世紀の組織と人間はどう変わるか』ダイヤモンド社,1993年,32ページ)
4) 岩井克人『会社はこれからどうなるのか』平凡社,273ページ
5) Burton-Jones, A., *Knowledge Capitalism*, Oxford University Press, 1999, p. 5.(野中郁次郎監訳『知識資本主義』日本経済新聞社,2001年,19-21ページ)
6) 森本哲郎は次のように示唆する.「情報社会と情報化社会とは区別して考えたい.情報社会とは情報が大量に行きわたる社会,即ち,マス・メディアに

よって大勢の人たちが多量の情報を受け取る社会である．それに対して，情報化社会とはその名のとおりいっさいを情報に化してしまう社会のことである．（中略）そして二十世紀の本質は，情報社会よりも情報化社会にあると私は思う．（中略）情報の交換，即ち通信［コミュニケーション］は，これまでは人間同士の間で成立するものと考えられてきたのだが，それが一気に拡大して，人間は機械とも情報を伝達しあえるというふうに見直されるようになったのである．（中略）情報化社会に生きる人間にとって何より大切なことは，情報として受け入れたもの，情報に分解したものを改めて確固たる認識に，確実な知識に，そして創造的な知恵へと構成することでなければならない．だが人間の知識に，とってかわりだした情報機械が次第に人間からそのような構想力を奪い始めている．（中略）情報の世紀ともいうべき二十世紀の陥穽はそこにある．」（森本哲郎『二十世紀を歩く』新潮社，1985年，185-189ページ）

7) 従来の企業経営では4つの経営資源（ヒト・モノ・カネ・情報）が重視された．ナレッジ・マネジメントは，これらに加え知識を第5の経営資源として着目するところに特徴がある．
8) Burton-Jones, A., op. cit., p. 6.（野中監訳，前掲書，21-22ページ）
9) この分類は，哲学者のマイケル・ポランニー（Polanyi, M.）の所説によっている．彼は暗黙知を「豊かな意義に満ちた思考の振る舞いである」と捉え，人間が暗黙的な認識力を発揮するときの仕組みについて自論を展開した（マイケル・ポランニー著，高橋勇夫訳『新訳　暗黙知の次元』筑摩書房，2003年参照）．
10) 野中は暗黙知の具体的事象として，個々人に内在する思い，視点，心象，熟練，ノウハウなどを挙げている．（野中郁次郎「知識と企業」『日本経済新聞』2005年2月1日付）．
11) 野中郁次郎「企業と知識創造――組織的知識創造の理論」伊丹敬之・加護野忠男・伊藤元重編『リーディングス　日本の企業システム1　企業とは何か』有斐閣，1993年，72-73ページ
12) Burton-Jones, A., op. cit., p. 7.（野中監訳，前掲書，22ページ）
13) 筆者在住の栃木県には，自然環境と深く関わりをもつ"職人"（たとえば陶芸家，杜氏，竹細工匠など）が数多く活躍している．彼らは一様に寡黙であり独特の世界観を堅持している．近年，彼らのもつ暗黙知（信念や粋な生き方）をいかに形式知化し"環境資源"としてつなげていくかということが，地域経済活性化の重要な一テーマとなっている．
14) マイケル・ポランニー著，前掲訳書，18-19ページ
15) 野中・紺野，前掲書，104-107ページ
16) Nonaka, I. and Takeuchi, H., *The Knowledge-Creating Company*, Oxford

University Press, 1995, pp. 61-62.（梅本勝博訳『知識創造企業』東洋経済新報社，1996年，90-91ページ）
17) 個々人の知識を異なる主体間（集団，組織，組織間）で関係づけようとするもの．野中著，伊丹・加護野・伊藤編，前掲書，76ページ
18) 野中著，伊丹・加護野・伊藤編，同上書，76-77ページ
19) Nonaka and Takeuchi., op. cit., p. 64.（梅本訳，前掲書，95ページ）
   表出化の典型はコンセプトの創造である．そしてコンセプトの創造には，演繹法（一般的な前提から論理的に個的事例を引き出すこと）と帰納法（個的事例から経験的に別の個的事例あるいは一般的な結論を推し量ること）という2つの基本的な思考方法の組み合わせがなされる．
20) 野中らは，知識創造プロセスにおける組織の役割を「個人が知識を創造・蓄積し，グループが活動しやすいような適正なコンテキストを提供すること」と指摘し，そのために必要となる5つの要件（① 意図，② 自律性，③ ゆらぎと創造的カオス，④ 冗長性，⑤ 最小有効多様性）を提示した．また，組織的知識創造は5つのフェイズ（① 暗黙知の共有，② コンセプトの創造，③ コンセプトの正当化，④ 原型の構築，⑤ 知識の移転）を通じて促進されるとし，時間の次元を組み込んだファイブ・フェイズ・モデルを構築した．
21) 野中著，伊丹・加護野・伊藤編，前掲書，79ページ
22) 野中著，伊丹・加護野・伊藤編，前掲書，70ページ

◆参考文献

ドラッカー，P.F. 著，上田惇生訳『新版　断絶の時代―いま起こっていることの本質―』ダイヤモンド社，1999年
佐久間信夫 編著『新世紀の経営学』学文社，2000年
伊丹敬之・西口敏宏・野中郁次郎『場のダイナミズムと企業』東洋経済新報社，2000年
宮田秀明『理系の経営学』日経BP社，2003年
野内良三『実践ロジカル・シンキング入門』大修館書店，2003年

第7章

M&A 戦略

7.1 M&A とは何か

　M&Aは，企業の合併（Mergers）と買収（Acquisitions）を略した用語である．つまり，2つ以上の企業が1つの企業になったり，ある企業が他企業や他企業の事業を収得したりすることを意味する．企業提携の一形態として捉えることもできるが，経営権ないし支配権が1つの企業に統合されるという点で，単なる資本提携や業務提携とは異なる[1]．

　企業が新規事業の確立や既存事業の拡大によって成長を図る場合，必要となる経営資源を漸進的に蓄積していく方法がある．たとえば，自社独自で技術を開発する，販売網を構築する，施設・設備を拡張する，従業員を教育訓練するなどである．一方，M&Aは，必要となる経営資源をすでに有する外部の企業や事業を取り込むことによって短期間で成長を実現する戦略である．以下では，M&Aの概要を合併と買収，および，合併と買収の中間的形態である持株会社による統合に分けて説明したいと思う．

(1) 合　併

　合併は，複数の企業が契約によって1つの企業になることである．ここでいう契約とは，それぞれの企業間で事前に合併契約書を締結することを意味する．したがって，合併の場合，後述する買収とは異なり基本的に敵対的な企業統合になることはありえない．

　合併の形態には，新設合併と吸収合併が存在する（図表7-1参照）．

図表 7-1　合併のイメージ

◆新設合併　（α社，β社ともに解散）

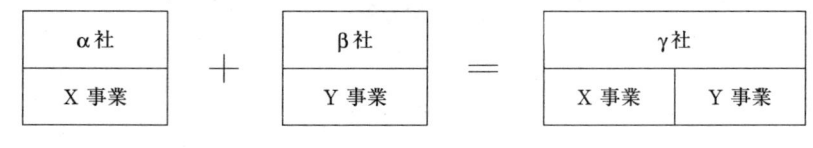

α社
X事業

＋

β社
Y事業

＝

γ社	
X事業	Y事業

◆吸収合併　（α社が存続，β社は解散）

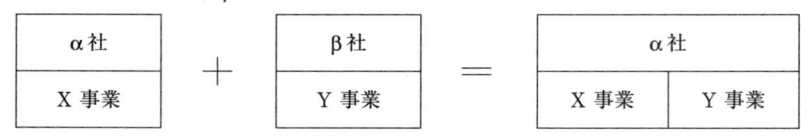

α社
X事業

＋

β社
Y事業

＝

α社	
X事業	Y事業

　新設合併は，合併するすべての企業が解散し新たに企業を設立する形態である．一方，吸収合併は，合併する企業のうち1社が存続し，他の企業は解散して存続企業に吸収される形態である．なお，解散によって消滅する企業の株主は，保有する株式を新設企業あるいは存続企業の株式と交換することになる[2]．

　ちなみに，わが国における合併は吸収合併がほとんどである．その理由は，新設合併の場合，新たな企業を設立するための煩雑な手続きを必要とするなど，諸々のコストがかかるためである．

(2) 買　収

　買収は，ある企業が他企業あるいは他企業の一部を収得することである．買収の主な形態には，株式取得と営業譲渡が存在するが，ここでは，営業譲渡と形式的に類似する会社分割を通じた事業の承継についても触れたいと思う．

　株式取得は，株式購入や株式交換を通じて被買収企業を自社の傘下に収めることである（図表7-2参照）．

　具体的な株式取得の方法は次のとおりである[3]．

図表7-2　株式取得のイメージ

α社がβ社の株式を取得した場合

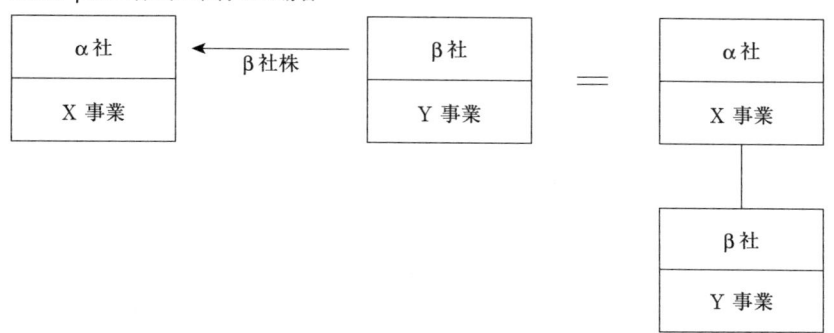

[α社 X事業] ←β社株— [β社 Y事業] ＝ [α社 X事業]—[β社 Y事業]

① 市場買付

　証券取引市場を介して被買収企業の株式を取得する．

② 公開買付（TOB：Take Over Bit）

　予め買付目的，買付価格，買付株数，買付期間等を公告し，不特定多数の株主から証券取引市場外で被買収企業の株式を取得する．

③ 相対買付

　特定の大株主から直接被買収企業の株式を取得する．

④ 株式交換

　被買収企業の株主が保有する株式を自社の株式と交換することによって取得する．

⑤ 第三者割当増資の引受

　被買収企業によって割り当てられた新株を取得する．

⑥ 新株予約権の行使

　被買収企業から付与された新株予約権（一定の株式を一定の期間に購入する権利）を行使することによって株式を取得する．

　上記方法のうち，⑤第三者割当増資の引受や⑥新株予約権の行使は，被買収企業が合意の上で買収企業に新株を割り当てたり，新株購入の権利を付

図表7-3　営業譲渡のイメージ

β社のY事業をα社に営業譲渡した場合

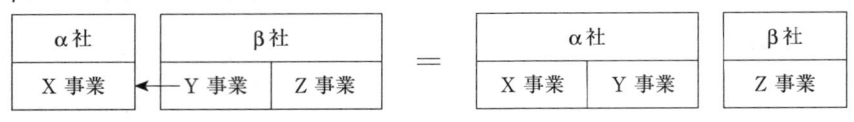

α社	β社			α社		β社
X事業	←―Y事業	Z事業	＝	X事業	Y事業	Z事業

与したりするという意味で友好的な買収手法といえる．一方，①市場買付や②公開買付は，被買収企業の合意の有無に関係なく実行することが可能である．つまり，被買収企業が拒んでいるにも関わらず買収を仕掛けられることがあるが，そのような買収を敵対的買収という．

次に，営業譲渡についてであるが，用語としては被買収企業側の行為を表しており，一部の事業（営業）あるいは全事業を売却することを意味する．買収企業は，対価として現金を支払い対象とする事業を収得する（図表7-3参照）．この場合，当該事業に関わる一連の経営資源（従業員，施設・設備，技術・ノウハウ，ブランド，顧客情報，販売網など）が，買収企業に引き継がれることになる．

なお，営業譲渡と類似した形態に，会社分割による事業の承継がある[4]．営業譲渡の場合，買収の対価は現金であるが，会社分割を用いた場合，事業を承継する企業は会社分割を行う企業あるいはその株主に対して自社の株式を交付する．また，事業の承継に伴う債務移転について債権者から個別に同意を得る必要がないなど，手続きが簡素であることも営業譲渡と異なる点である．

(3) 持株会社による企業統合

持株会社による企業統合とは，純粋持株会社を設立しその傘下に複数の既存企業を収めることである．純粋持株会社の設立には，既存企業とは別法人の持株会社を新たに設立する形態と，統合する既存企業の中の一社が会社分

第7章 M&A戦略　115

図表7-4　純粋持株会社による企業統合のイメージ

◆持株会社の新設による企業統合

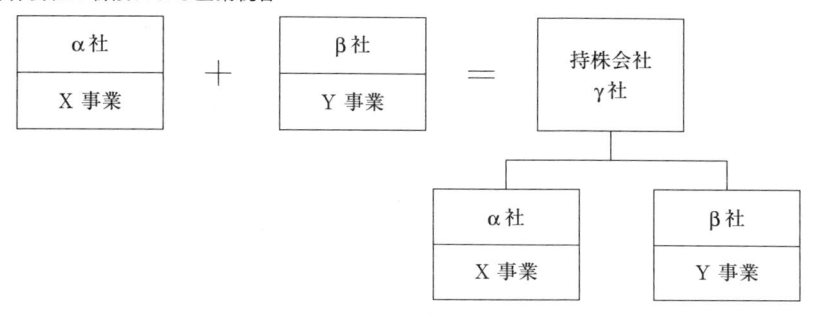

```
┌─────────┐     ┌─────────┐     ┌─────────┐
│  α社    │  ＋ │  β社    │  ＝ │ 持株会社 │
│  X事業  │     │  Y事業  │     │  γ社    │
└─────────┘     └─────────┘     └─────────┘
                                      │
                              ┌───────┴───────┐
                          ┌───────┐       ┌───────┐
                          │ α社   │       │ β社   │
                          │ X事業 │       │ Y事業 │
                          └───────┘       └───────┘
```

◆既存企業の持株会社化による企業統合

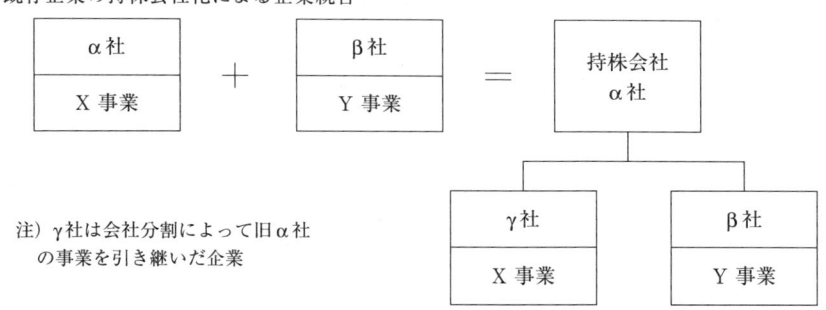

```
┌─────────┐     ┌─────────┐     ┌─────────┐
│  α社    │  ＋ │  β社    │  ＝ │ 持株会社 │
│  X事業  │     │  Y事業  │     │  α社    │
└─────────┘     └─────────┘     └─────────┘
                                      │
                              ┌───────┴───────┐
                          ┌───────┐       ┌───────┐
                          │ γ社   │       │ β社   │
                          │ X事業 │       │ Y事業 │
                          └───────┘       └───────┘
```

注）γ社は会社分割によって旧α社の事業を引き継いだ企業

割によって事業を切り離し持株会社化する形態とがある（図表7-4参照）。前者の場合，傘下に収まる企業の株主は，保有する株式を新設の持株会社に移転することになるが，対価として持株会社の株式を交付される（株式移転）。後者の場合，持株会社化する企業の株主はそのまま株式を保有することになる一方，傘下に収まる企業の株主は保有する株式を持株会社化した企業の株式と交換することになる（株式交換）。

　持株会社による企業統合は，傘下企業が並列的な関係になるという意味で合併と同様の特徴を有し，いずれの企業も法人として存続し続けるという意味で買収と同様の特徴を有する[5]。したがって，合併と買収の中間的な統合形態といえよう。また，一定期間を経た後に持株会社と傘下の企業が合併す

るなど，持株会社の設立はより強力な統合へ向けての過渡的手段として用いられる場合もある[6]．

7.2 M&A 活発化の背景

近年，わが国では，M&Aが企業の経営戦略として高い関心を集めると同時にその件数も増加する傾向にある．M&Aが活発化した背景には，次のような環境の変化が存在する．

(1) 企業間競争の激化[7]

M&Aが活発になった背景として，第1に挙げられるのが企業間競争の激化である．わが国は，1990年代に入りバブル経済が崩壊するまで右肩上がりの経済成長を遂げてきた．市場の拡大に伴って経済が成長する過程では，1つの業界に多数の企業が存在しえた．しかし，バブル経済崩壊以降の経済停滞は，過剰に存在する企業が限られたパイを奪い合う状況をもたらした．

また，金融，通信，運輸，流通，エネルギーをはじめとするさまざまな分野での規制緩和は，外資系企業や新興企業の新規参入，さらには，価格やサービス面での激しい企業間競争を促した．その結果，非効率的な経営を行う企業が競争によって淘汰される状況になったのである．

さらに，経済のグローバル化に伴い，企業間競争は世界を舞台に繰り広げられるようになった．特に，わが国の企業にとって，巨大外資系企業の日本市場参入や新興諸国企業の急速な台頭は競争上の大きな脅威となっている．

以上のように，企業間競争が激化した結果，企業はより迅速な経営を求められるようになった．また，自社が強みをもつ事業を選択し限られた経営資源を集中的に投下する必要性が高まった[8]．ここに，競争力強化のための戦略としてM&Aが注目されるようになったのである．

(2) 株式持ち合いの解消

　株式持ち合いとは，取引関係のある金融機関や他企業，グループ内企業との間で相互に株式を保有し合うことであり，わが国では，1960年代から急速に広まった．その主な目的は，安定株主工作である．つまり，相互に株式を長期間にわたり保持し続けることによって，特に外資系企業による敵対的買収を回避しようとしたのである．ところが，バブル経済崩壊以降，企業間競争が激化する中で，多くの企業が持ち合い株式を保有し続ける余力を失い売却せざるをえなくなった．結果として，自由に売買される株式の比率が増加し，M&Aの余地が拡大することになったのである．

(3) M&Aに関連する法律の改正[9]

　1990年代後半以降，M&Aに関連する法律が改正されたこともM&Aを活発化させる要因となった．具体的には，1997年に独占禁止法が改正され純粋持株会社の設立が可能になった．また，1999年には株式交換・株式移転制度，2001年には会社分割制度が導入された．このような一連の法改正によって，純粋持株会社の設立が容易になり，また，現金を用いることなく他企業を完全子会社化することが可能になった．さらに，他企業から事業を譲り受ける際の手続きが簡素化されるなど，M&Aを実行しやすい環境が整備されたのである．

(4) M&Aに対する認識の変化[10]

　以前は，M&Aというと，業績の悪化した企業を救済するとか，株式買い占めにより企業を乗っ取るといったイメージが強く，必ずしも良い印象をもって受け止められる行為ではなかった．確かに，M&Aは企業救済や敵対的買収を目的とするケースも少なくない．しかし，今日，M&Aに対するイメージは急速に変化しつつある．つまり，迅速な経営によって企業価値を高めるための戦略的手段として認識されるようになってきている．

M&Aに対する認識の変化は，買収対象となる企業の側においても見受けられる．たとえば，事業の選択と集中を図る企業では，事業再編の一環として自社が強みをもたない事業の売却を積極的に進めている．また，新興のベンチャービジネスの中には，株式上場と並ぶ出口戦略として既存企業に買収されることを目標にする企業が現れつつある．さらに，後継者のいない中小企業が，事業継承のために進んで自社を売却しようとするケースも増加している．

7.3 M&Aの効果と企業価値の向上

M&Aの最大のメリットは，技術やノウハウ，販売網，ブランド，施設・設備，人材など，必要となる経営資源を迅速に獲得できるという点にある．つまり，企業成長のために経営資源を自社で漸進的に蓄積するには相応の時間を要するが，M&Aという手段を用いれば時間を買うことができるのである．したがって，M&Aは，短期間で企業価値を向上させるための戦略といえよう．

なお，M&Aは，対象となる企業の事業内容によって，多角化型M&A，水平型M&A，垂直型M&Aに大別することができる．以下では，類型別にM&Aの効果を説明したい[11]．

(1) 多角化型M&Aの効果

多角化型M&Aとは，当該企業がそれまで手掛けていない事業を営む企業を対象としたM&Aである．つまり，新分野へ進出することによって事業領域を拡大するためのM&Aである．多角化型M&Aの主な効果は次のとおりである．

① 迅速な新規事業分野への進出

企業が新規事業分野へ進出するには，自社独自で，あるいは，他企業と提携して製品・サービス開発や市場開拓を進めるなどの方法が存在するが，必

要となる経営資源の蓄積や企業間関係の調整に必要以上の時間がかかってしまうケースが少なくない．それに対し，M&Aは，すでに確立された事業を獲得するという意味で，迅速な新規事業分野への進出を可能にするのである．

さらに，M&Aによる新規事業分野への進出は，事業構成の素早い改善を可能にする．つまり，既存事業が成熟期や衰退期にある場合，M&Aによって将来性のある事業を獲得すれば，次なる成長のための礎を築いたり，リスクを分散したりできるのである．

② 範囲の経済性の享受

範囲の経済性とは，複数の事業をまとめて手掛けた方が，別々に手掛けた場合よりもトータルコストが低下することを意味する．これは，複数の事業間で経営資源を共同利用することによって生じる効果である．したがって，多角化型M&Aによって獲得した事業と既存事業の間で経営資源を共同利用すれば，コスト面での優位性を確立することが可能になるのである．

③ シナジー効果の享受

シナジー効果とは相乗効果のことであり，複数のものが一緒になることにより，単なる総和以上の結果をもたらすことを意味する．企業経営では，経営資源の結合が新たな経営資源の生起につながることがある．したがって，多角化型M&Aによって入手した経営資源と既存の経営資源を結合させることによって，より高度な経営資源が創出されうるのである．

(2) 水平型M&Aの効果

水平型M&Aとは，当該企業と同様の事業を営む企業を対象としたM&Aである．換言すれば，同じ業界に属する競合他社を相手としたM&Aであり，既存事業の規模拡大を通じて競争力を強化することを目的とする．水平型M&Aの主な効果は次のとおりである．

① 製品・サービスの拡充と新規顧客の開拓

　同じ業界に属する企業でも，製品・サービスのラインアップやターゲットとする顧客が完全に一致していることは稀である．したがって，水平型M&Aは，提供する製品・サービスの幅や顧客層を広げうるのである．

② 経営資源の最適化

　製品・サービスや顧客と同じように，同じ業界に属する企業でも保有する経営資源は異なっている．したがって，水平型M&Aは，不足する経営資源の補完を可能にする．また，逆に水平型M&Aを行うと重複する経営資源が生じることがある．そのような場合，リストラクチュアリングを実施すれば，経営資源を効率的に活用することができるようになる．

③ 規模の経済性および経験効果の享受

　規模の経済性とは，同一の製品を大量生産した方が，少量生産する場合よりも1単位当たりのコストが低くなることを意味する．また，経験効果とは，同一の製品を繰り返して生産する，つまり，製品の生産に関わる経験を蓄積するにしたがって，1単位当たりのコストが徐々に低下することを意味する．同一の製品を提供する企業を対象とした水平型M&Aは，大量生産や経験の蓄積を可能にするので，コスト面における優位性の確立につながるのである．

④ 企業間競争の緩和

　通常，業界内に存在する企業の数が多いほど企業間競争は激化する．しかし，水平型M&Aは，経営統合を通じて競合他社を減らすことになるので，業界における企業間競争を緩和しうるのである．

⑤ 供給業者および顧客に対する交渉力の拡大

　当該企業の規模が小さく，しかも，業界内に多数の競合他社が存在する場合，供給業者や顧客に対する交渉力は弱くなる．なぜなら，企業規模が小さければ，必然的に取引量が減少するので供給業者にとって魅力のない企業になってしまうし，多数の競合他社が存在すれば，供給業者や顧客にとって取

引先を選択する余地が拡大するからである．したがって，水平型M＆Aにより，企業規模を拡大したり競合他社を減少させたりすれば，供給業者や顧客に対する交渉力が高まるのである．

(3) 垂直型M＆Aの効果

　垂直型M＆Aとは，供給業者や顧客などの取引先企業を対象としたM＆Aである．つまり，垂直統合を図るM＆Aであり，たとえば，完成品を生産する企業が，川上にあたる材料や部品の生産に進出したり，川下にあたる小売りに進出したりすることである．垂直型M＆Aの効果は次のとおりである．

① 取引コストの削減

　企業が他企業と取引する場合，取引相手を探索し調査するコスト，契約を交わすコスト，契約後の活動を点検するコストなど，さまざまなコストがかかる．しかし，垂直型M＆Aによって取引相手を自社内に取り込めば，それらのコストが必要なくなるのである．

② 情報の効率的な入手

　たとえば，完成品を生産する企業にとって，最終消費者市場の動向やニーズを迅速かつ的確に把握することは，効率的な製品の生産や開発を行う上できわめて重要である．そこで，垂直型M＆Aにより最終消費者に対する販売まで手掛ければ，市場に関わる情報を直接入手することができるのである．

③ 中核的な技術の獲得

　中核となる技術を供給業者に依存している企業は，自社が製品・サービスに対して付加する価値が相対的に低くなる．結果として，得られる利益が少なくなってしまう．そこで，中核的な技術を保有する取引業者を垂直型M＆Aによって統合すれば，利益率の向上を図ることができるのである．

④ 調達リスクの低減

　供給業者が，常に安定して原材料や部品を提供できるとは限らない．急速な需要の拡大や突発的な事故によって需給が逼迫することもある．そのよう

な場合でも垂直型M&Aによって供給業者を取り込んでいれば，必要とする原材料や部品を安定的に調達することが可能になるのである．
⑤ 供給業者および顧客に対する交渉力の拡大

供給業者および顧客に対する交渉力の拡大は，垂直型M&Aによっても実現される．つまり，当該企業が特定の供給業者や顧客企業を統合すれば，他の取引相手への依存度が低下するので，有利な条件で交渉を進めることが可能になるのである．

以上のように，M&Aにはさまざまな効果が存在するが，一連の効果を迅速にもたらすのがM&Aの最たる特徴といえよう．つまり，M&Aは，短期間で企業価値を高める戦略的手段なのである．

7.4 M&Aのリスクとその回避

(1) M&Aのリスク

M&Aは，迅速な経営資源の獲得を通じて企業価値を高めうるが，一方で，短期間で異なる組織を統合させる戦略であるがゆえに固有のリスクを伴う．そのリスクとは次のとおりである．
① M&Aの決定に関わるリスク

M&Aは，競合企業が合併したから自社も合併するとか，資金的な余裕があるから他社を買収するなどといったように，安直な理由で実行される危険性を孕んでいる．結果として，統合効果が生じないケースも生じうる．
② 企業評価に関わるリスク

M&Aは，時間をかけないという点に重点が置かれるあまり，対象となる企業や事業を十分に評価しないまま実行される危険性を孕んでいる．結果として，後になってから統合相手の問題が明らかになるケースも少なくない．
③ 財務に関わるリスク

M&Aは，財務体質を急激に悪化させてしまう危険性を孕んでいる．特に，企業体力に見合わない多額の借入金によって買収を実行した場合などは

財務体質の悪化を招きやすい．

④ 組織統合に関わるリスク

　M&Aは，企業間あるいは従業員間のコンフリクトを生じさせる危険性を孕んでいる．特に，合併は歴史や文化，人事体系などが異なる組織が1つになるので，感情的不和や利害衝突を引き起こす可能性が高い．また，敵対的買収は統合相手の合意を得られていないという意味で，たとえ成功したとしても組織の融合が進まず逆効果を発生させかねない．

(2) リスクの回避

　M&Aのリスクを回避するには，統合目的や統合効果を明確にしなければならない．つまり，何のためにM&Aを実行するのか，なぜM&Aという手段を選択するのか，M&Aによってどのようなメリットが生じるのかを明らかにするのである．統合目的や統合効果が熟考されるならば，軽率な意思決定を回避することができるであろう．

　また，デューディリジェンスを十分に行うことも必要になる．デューディリジェンスとは，M&Aの対象となる企業や事業の実態を事前に精査することである．緻密なデューディリジェンスが行われれば，統合後に予想外の問題が発生することを回避できるし，買収の際には適正な価格で企業や事業を取得することが可能になる．

　さらに，M&Aの実行には強力なリーダーシップが求められる．リーダーが上述した統合目的や統合効果を企業の内外に向けて明確に伝えることができれば，企業間あるいは従業員間のさまざまな隔たりが克服される．結果として，組織の融合が促進されるのである．

注）
1) M&Aに，株式持ち合いのような限定された範囲での資本提携や共同出資によるジョイント・ベンチャーの設立などを含む場合もあるが，本章では，

経営権ないし支配権が1社に統合される形態のみをM&Aとする．
2) 　合併によって消滅する企業の株式に対して新設企業あるいは存続企業の株式が交付される割合を合併比率という．同比率が1対1の場合の合併を対等合併と呼ぶ．
3) 　尾関純・小本恵照編著『M&A戦略策定ガイドブック』中央経済社，2003年，44-57ページ
4) 　会社分割には，新設分割と吸収分割がある．新設分割は，複数の事業を抱える企業が事業の一部あるいは全部を会社化することである．一方，吸収分割は，分割した事業を他企業に承継させることである．ここでいう会社分割とは後者を指す．
5) 　尾関純・小本恵照編著，前掲書，57ページ
6) 　たとえば，製油大手の㈱J-オイルミルズは，以下のようなプロセスを経て誕生した企業である．
　　2002年4月：㈱ホーネンコーポレーションと味の素製油㈱が持株会社によって統合される．持株会社名は㈱豊年味の素製油．
　　2003年4月：持株会社傘下に吉原製油㈱が加わる．それを機に，持株会社名が㈱J-オイルミルズになる．
　　2004年7月：持株会社㈱J-オイルミルズが，㈱ホーネンコーポレーション，味の素製油㈱，吉原製油㈱を吸収合併する．
　　http://www.j-oil.com/company/history.html
7) 　松江英夫『経営統合戦略マネジメント』日本能率協会マネジメントセンター，2003年，19ページ
8) 　事業の選択と集中は，強みをもたない事業の積極的な売却，換言すれば，他企業による当該事業のM&Aを促す．
9) 　松江英夫，前掲書，19-21ページ
10) 　北地達明・北爪雅彦『M&A入門』日経文庫，2002年，14-17ページ
　　　服部暢達『M&A成長の戦略』東洋経済新報社，1999年，15-17ページ
11) 　M&Aの効果を類型によって正確に区分することは困難であるが，本章では，特に強調されるべきであると思われる効果を類型別に取り上げた．

◆参考文献

尾関純・小本恵照編著『M&A戦略策定ガイドブック』中央経済社，2003年
北地達明・北爪雅彦『M&A入門』日経文庫，2002年
服部暢達『M&A成長の戦略』東洋経済新報社，1999年
服部暢達『実践M&Aマネジメント』東洋経済新報社，2004年
松江英夫『経営統合戦略マネジメント』日本能率協会マネジメントセンター，2003年

第8章

組織間関係戦略

8.1 組織間関係の問題

　企業間の関係は，常に競争的であるわけではなく，協調的な性格をもつこともしばしばある．組織間関係の基本的な問題は，合弁・業務提携，系列・外注・下請けという従来から論じられてきた事柄である．しかし，1990年代前後の競争環境の変化によってアライアンスやアウトソーシングといった問題が以前にも増して重要性を増しており，現実の企業の行動を捉える際には組織間関係を捉えることなしには説明できなくなっている．

　組織間関係の具体的な例として，カルテル，ライセンス供与，ジョイント・ベンチャー，コンソーシアム，資本参加，系列，フランチャイズ組織などをあげることができる．また，1980年代後半から議論されるようになったバーチャル・コーポレーションやネットワーク組織といった情報ネットワークを介した企業間の協調や，さらに政府や環境保護団体などの利害関係者との関係も組織間関係に含まれる．組織間関係論はきわめて広範囲の問題が含まれる分野であるが，本章では，主に企業間の関係である提携や長期取引関係に焦点をあててみていくことにする．

　まず，第2節において組織間関係を捉えるオーソドックスな理論である資源依存モデルについて概観し，資源依存モデルが企業間の関係をどのように捉えているのか理解する．第3節においては，取引コスト論の視点について概観し，取引コスト論ではどのように企業間の関係を捉えているのか理解する．第4節では，典型的な事例として，電機・電子産業における企業間の関

係についてみていくことにする．

8.2 資源依存モデル

(1) 資源依存モデルの視点

企業は自身が必要とする資源をすべて保有しているような，自己充足的な存在ではなく，他の組織との係わり合いなしには存続できないという立場から展開される理論が資源依存モデルである[1]．

古典的には，別組織との取引は市場取引として捉えられてきた．しかし，実際の企業間の取引や経営資源の交換は市場取引による調整としばしば異なり，特定の取引相手に対して自社が影響力を行使すること，あるいは影響力を行使されることが数多くみられる．

企業は，資金，土地，設備，部品，原材料，技術，労働力，情報などの資源を提供されなければ存続できない．これらの資源は，ユーザー，サプライヤー，政府，同業者団体，ライバル企業などと交換し合うことになる．しかし，独立した経済主体である取引相手が常に自社の要求どおりに必要な資源を提供してくれるという保証はない．

資源依存モデルでは，相手へ依存している資源が重要で希少なものであるほど，自社は相手からの影響力を受けやすく，また，その逆に，自社が重要で希少な資源を保有しているほど他組織に対して影響力を行使しやすくなると考える[2]．

(2) 他組織への依存性を低減させる取り組み

必要資源の供給が受けられなければ事業を存続することが困難または不可能になってしまうため，他組織からの要求・制約を受けざるを得ない状況がしばしば生まれる．しかし，相手企業からの制約は自社の利害や自社と関係する他の取引相手からの要求と矛盾・対立する場合がある[3]．企業は他の企業や組織からの影響力を減らすための対応が必要になる．

企業が他組織への依存性を低減させる取り組みにはさまざまなものがあるが，これらの取り組みについて資源依存モデルでは自律化戦略・協調戦略・政治戦略の3つを挙げている．

① 自律化戦略

依存している他組織との関係の必要性をなくす手法のことである．しばしば，企業は他組織との合併や既存の事業分野以外への多角化を行う．自律化戦略は，合併，内部化，多角化の3つに大別される[4]．

企業が合併する理由はさまざまな視点から説明することができるが，資源依存モデルでは合併を組織間の依存関係を処理するメカニズムとして説明している．水平的な合併の場合は，同一産業内で競争している組織との間の競争関係に対処する行動と捉える．垂直統合の場合は，サプライヤーやディーラーとの共生的な相互依存性に対処する行動と捉える．

一般に，取引の頻度や量が大きいほど，垂直統合は行われやすくなる．顧客への自社の影響力が小さい場合には，川下の顧客との合併（メーカーが流通業者を内部化する，あるいは，部品メーカーが組み立て業者を合併するなど）を行って顧客への影響力を強めることができる．反対に，顧客への影響力が高い場合には，部品や原料を供給するサプライヤーとの合併が行われやすくなる．

相互依存の関係にある組織を合併する以外にも，企業内部の努力によって，他組織に依存していた資源を自社で賄うという選択肢がある．部品を自社で作ること（内製）によって，サプライヤーへの依存を回避することもできる．また，自社で流通網を整備し，ディーラーへの依存を低減させることもできる．

内部化は，他組織への依存を減少あるいは無くすことができるが，それに見合った経営資源の蓄積と能力の拡大が伴わなければ実現できない．内部化は一見，理想的な解決策にみえるが，実現には相応の時間や資金を犠牲にしなければならない．また，合併・買収しただけでは依存性低減のための根本

的な解決にはならず，合併後の企業内でのコントロールの確立の問題が残るという疑問も提起されている[5]．

② 協調戦略

協調戦略とは，自社の取引相手と交渉し，双方が合意できる安定的な関係を構築するものである．これは他企業への依存を部分的に解消する戦略であり，相互依存関係にある企業同士がお互いの行動に制約を設けることで安定的な関係を築くものである．同じ産業に属する競争相手や，川上・川下の産業に属する他の企業と協調することは，内部化する場合よりも少ない投資で行える．また，企業単体では不可能なことを実現するためにも協調戦略が用いられる．協調戦略を採る場合，他企業との依存関係は残るものの，双方の自立性も保たれる．山倉（1993）は，協調戦略を規範，契約，役員の受け入れと兼任，合弁，アソシエーションに分類している[6]ので，これに従ってさまざまな協調形態をみていくことにしたい．

まず，規範についてみてみよう．ここでの規範とは組織間や同一産業内での信頼関係や「互酬性」（reciprocity：ギブ・アンド・テークの関係）のことである．規範の形成は，明文化されたルールや期待を破ったときの制裁システムをつくることではなく，組織間のインフォーマルな調整を行うことである．各々の組織が規範に同調するようになれば，安定的な関係が維持できる．また，不確実性が減少するので将来の予測が容易になる．

規範よりフォーマルな協調形態が契約である．ここでの契約とは，他組織との間で財・サービス等の交換に関する合意を形成しルール化することである．組織間でルールを制定すれば，将来に向けて安定的な行動が確保できる．しばしば法律的形態をとることもあるが，技術契約・製造契約・販売契約などの準法律的形態をとることもある．契約は法的に是認された調整メカニズムであるので，双方が同意しない場合は変更することはむずかしい．もし，協調関係にある者のどちらかが合意を破った場合には制裁を受けるので，将来の双方の行動の選択肢を狭めることになるが，より確実に安定的な

関係を築くことができる．

次に，役員の受け入れ・兼任についてみてみよう．しばしば，企業は他企業の構成員を自社のトップ・マネジメントに参加させる．役員の受け入れは他組織との関係の調整をはかるものと捉えることができる．役員の受け入れや兼任は，金融機関と産業会社，取引を行っている企業間，集団内の構成企業間で広範囲に展開されている．役員の受け入れ・兼任を通じて企業間の利害の調整や情報交換を行うことができる．合併・買収と比べ，組織間をゆるい形で統合する手法といえる．

また，合弁は2つ以上の組織が共通の目的を達成するために共同事業を行うことであり，ジョイント・ベンチャーとも呼ばれる．競争関係を処理するために用いられたり，互いに欠けている資源を補うことを目的として合弁が行われる場合が多い．競争上の不確実性を減少させるために，競争企業間で行われる場合もあれば，新規事業の展開などのために異業種間で行われる場合もある．

最後に，アソシエーションについてみてみよう．アソシエーションとは2つ以上の組織が共同目標を達成するために連合して作る組織のことである．同種組織間で形成される場合も，異種組織間で形成させるものもある．また，国際的なものから地域レベルのものまで多様に存在する．同種組織間で形成されるアソシエーションの代表的なものに業界団体がある．業界団体は同じ要求や力に対処するために作られる企業の連合である．業界団体は，競争を比較的フォーマルな形で制限することができる．また，メンバー企業に標準や規格を与えたり，研究開発を支援することができる．業界団体は，しばしば政府の規制に対応する機関となる．このように業界団体は競争的な関係を抑制する機能をもつ．また，日本経済団体連合会のようにさまざまな産業に属する大企業の経営者によって構成され，産業界全体の利害を代表して政策提言などを行う大規模な業際的アソシエーションも存在する．

③ 政治戦略

　企業と企業の関係ではないが，現代の企業にとって大きな役割をもつものであるため，政治戦略についても触れておこう．政治戦略とは第三者機関の働きかけ，あるいは第三者機関への働きかけによって組織間の調整を間接的に行うことである[7]．組織間の利害が当事者同士で調整できない場合に用いられることが多い手法である．しばしば社会問題に発展する領域ではあるが，現代社会においてきわめて重要な調整メカニズムである．

　政治戦略が重要となる背景には政府の規制の存在がある．規制は競争環境を大きく左右するものであるから，組織間の競争関係や協調関係にもしばしば大きな影響を与える．本来，政府の規制は安全性や競争の制限・促進など公共の利益のために設けられるが，規制が特定の産業・企業あるいは集団の利益に寄与するのみで，公共の利益を促進しないケースもしばしば見られる．

　企業はしばしば規制を自らにとって有益な方向にもっていけるように努力する．企業は政府の活動に関する情報を集めたり，政府に働きかけを行うスタッフを組織する場合もある．補助金や規制などに依存する企業では選挙活動やロビイングなどを行い，政治に影響力を行使する必要性が増す．とはいえ，企業単体では政府に対する発言力は確保できない場合がほとんどであるので，しばしば共通の利害をもつ他組織と連合して政府に対する圧力団体を組織する．業界団体や経営者団体の存在意義の1つは，利害や目的を同じくする企業あるいはその経営者が連帯して政治に影響力を発揮することにある．特定の企業の利益に寄与する規制（あるいはその緩和）であっても，企業単体あるいは業界のみの働きかけには限界があるため，さまざまな人びと・集団からの支援を確保しなければ成立しにくい．

8.3 取引コスト論

(1) 取引コスト論の視点

　組織間関係を説明することができる典型的な理論として取引コスト論を挙

げることができる．取引コスト論は新制度派経済学の一分野であり，内部組織の経済学あるいは組織の経済学，また取引コストの経済学とも呼ばれる．取引コスト論は，垂直統合された企業組織を市場の代替物とみなす考え方である．

もともと，取引コスト論は市場と組織の二分法，言い換えれば，市場から買うか自社で作るかという二者択一の問題を扱ってきた．もし，市場だけで適切な資源配分が可能なら，なぜ垂直統合された大規模企業が存在するのだろうか．また，取引先を自社の支配下に置いたり買収・合併を行う必要性はなぜ生じるのか．このような問いに対して，取引コスト論は，取引の際に発生する取引コストの多寡によって内部化するか購入するかの選択が行われると説明する．取引コストは物理運動における摩擦に喩えられ，物体が動く際に運動を阻もうとする力が発生するように，取引が行われる際には必ず発生する．

取引コストは，取引仲介の際に支払わなければならない手数料や契約の際に必要な手間・費用のみを指すのではない．市場取引を行う際に最適な取引相手がみつからなかった場合の機会費用や，取引相手が自社を欺こうとする行動を予防・監視するためのさまざまな方策に費やす時間や費用なども含まれる．これらの費用は，しばしば，市場取引それ自体を実現不可能なものにさせてしまう程大きな負担となる．

比較的近年の論者であるポール・ミルグロム＝ジョン・ロバーツは取引コストを調整（コーディネーション）費用と動機づけ費用に大別している[8]．調整費用は価格や取引の詳細を決定し，潜在的な売り手と買い手が存在することを互いに告知し，実際に売り手と買い手が取引を実行するためにかかるコストである．たとえば，売り手は市場調査や宣伝を行うために労力や資金を費やす．また，買い手は売り手や最低価格を探索するために時間を費やさなければならない．さらに，売り手と買い手がうまく一致せずに，満足のいく取引が行われないために失われる利益も考慮されなければならない．動機

づけ費用は，取引を合意するために必要な情報が不完全なものであったり，契約が不完全なものでお互いの行動を拘束しきれないことから発生する費用や機会費用である．

さて，小麦粉やセメントといった一般的・汎用的な財の購入と工作機械や航空機部品のような特殊な財の取引の性格が異なるといったようなことは容易に想像できる．物理運動における摩擦の力がさまざまな条件によって大きく変化するように，取引コストが高いものになるかどうかということは交換する財の性質や取引を取り巻く条件によって大きく左右される．

複数の代替的な納入先のない特殊な部品や原材料の調達や，売り手が少数しかいない場合，また，自社が取引の対象とする製品や市場についての情報を十分に得られない場合など，市場からの購入は割高になる上にリスクの高いものとなる．このような特定の条件がそろった場合，取引相手が短期的な利益を追求するために，自社を欺く可能性がある．このようなさまざまな条件を取引コスト論では資産の特殊性（資産の特定性とも呼ばれる），少数制，情報の偏在などといった概念で説明している[9]．

資産の特殊性とは，「資産が特殊化していく度合い」[10]のことである．言い換えれば，ある経営資源を他の用途に使いにくくさせる要素のことである．特殊性の高い資産は，他の用途に振り替える際に価値が減少したり，技術的にほかの用途に利用することが困難であったりする．売り手側が特定の目的にしか利用できない設備や特定の顧客のためにしか使えない在庫をもっている場合は，売り手側の投資は買い手の予測不可能な行動による危険にさらされる．

情報の偏在とは，取引を行う当事者たちの一方がはるかに正しい情報をもっていて，他方が対等な立場で取引を行うためには非常に大きな費用と労力をかけなければならない場合をいう[11]．言い換えれば，売り手と買い手の間でもつ情報の量や正確さが異なることである．しばしば，取引を行う主体は，短期的な利益を得るために自らがもつ情報の優位を利用して取引相手よ

り優位な立場で交渉をすすめようとする．

　また，少数制と呼ばれる要素も取引コストを増大させる[12]．市場取引が合理的に行われる前提には多数の売り手・買い手が存在することが必要であり，少数の候補の中から売り手・買い手を選択する場合は取引コストは高くなる．

　多くの場合，市場調達を自社で内製することで取引コストは節約できる．取引コスト論では，垂直統合された企業の存在意義を，企業内部で分業したほうが市場から調達するよりも調整や動機づけが容易であり，取引コストが節約できるためだと捉える．

(2) 市場と組織の中間的な形態としての組織間の協調

　現実の経済活動を観察すると，純粋な市場取引や純粋な内製として分類できない，両者の中間に位置する売り手と買い手の関係が広範に存在する．内部組織と市場調達の中間に位置する関係は，中間組織ないしハイブリッドと呼ばれる．

　中間組織の代表的なものとして日本の系列がある．たとえば，わが国の自動車産業に特徴的なセットメーカー（元請け）と多層構造を為す部品メーカー（下請け）によって構成される垂直的な系列がみられる．わが国においては長らく，二重構造，すなわち下請けとセットメーカーの間の不平等な支配従属関係が注目されてきたが，取引コスト論の立場からは部品メーカーとセットメーカーの関係は双方の取引コストを減少させる合理的なものとして説明することができる．また，近年は垂直的な系列が日本の機械産業の強い競争力の背景の1つとして捉えられるようになった．

　長期継続取引を行う場合や提携その他の手段を用いる場合，売り手と買い手の間の情報共有が市場調達よりも容易になり，市場での一回限りの取引と異なり，相互に信頼関係や協調的な関係が生まれやすい．

　このような市場より統合された取引当事者間の関係は，相互に認め合った

原則や，制度化されたインセンティブや制裁の仕組みがつくられたり，既存資源が共有される．また，相互の友好的な関係や徹底的なコミュニケーションによって共通の世界観が得られる（「雰囲気的」条件と呼ばれる）．これらの要素によって，取引相手が短期的な利益を得る誘惑に駆られて機会主義的な行動をとる危険が大きく減少する．取引パートナー間の利害が一致し，また，市場調達よりも相互の関係を処理するための柔軟な適応法が生まれる[13]．

内部組織と市場調達の中間に位置する組織間の関係の緊密さは，売り手と買い手の協力の度合いによって細かく分類することができる（図表8-1）．

それほど戦略的に重要ではなく，安定的に供給される標準的な部品や原材料・サービスなどは市場調達に比較的近い短期～中期の購入契約の形態を取ることが望ましい[14]．このような場合，取引相手が少数に限定されることは通常有り得ないし，双方に潜在的な取引相手が数多く存在するために極端な依存関係が生まれにくく，取引相手に足元をみられて無理な要求を突きつけられるといったことも考えにくい．もし現在の取引相手に満足しなければ代わりの取引相手を探せばそれでよいのである．

中程度に戦略的に重要であったり，中程度に特殊性・不確実性をもっている部品や原材料やサービスなどは長期契約や提携をすることが望ましい[15]．売り手と買い手の間で公平な情報をもつことがむずかしいノウハウやライセンスを交換する際も短期的な関係を築いたり一回限りの市場調達を行うよりもこの方法が優れているといえる．一般的な財や中程度に特殊な財を調達するために，取引先を買収したり自社で内製する事は合理的ではない．自社の組織の調整コストがかさんでしまうし，内部化するためには相応の資金と時間が必要であるから，より有意義な投資を行う機会を失ってしまう[16]（機会費用が増大する）．

第 8 章 組織間関係戦略　135

図表 8 - 1　さまざまな統合形態

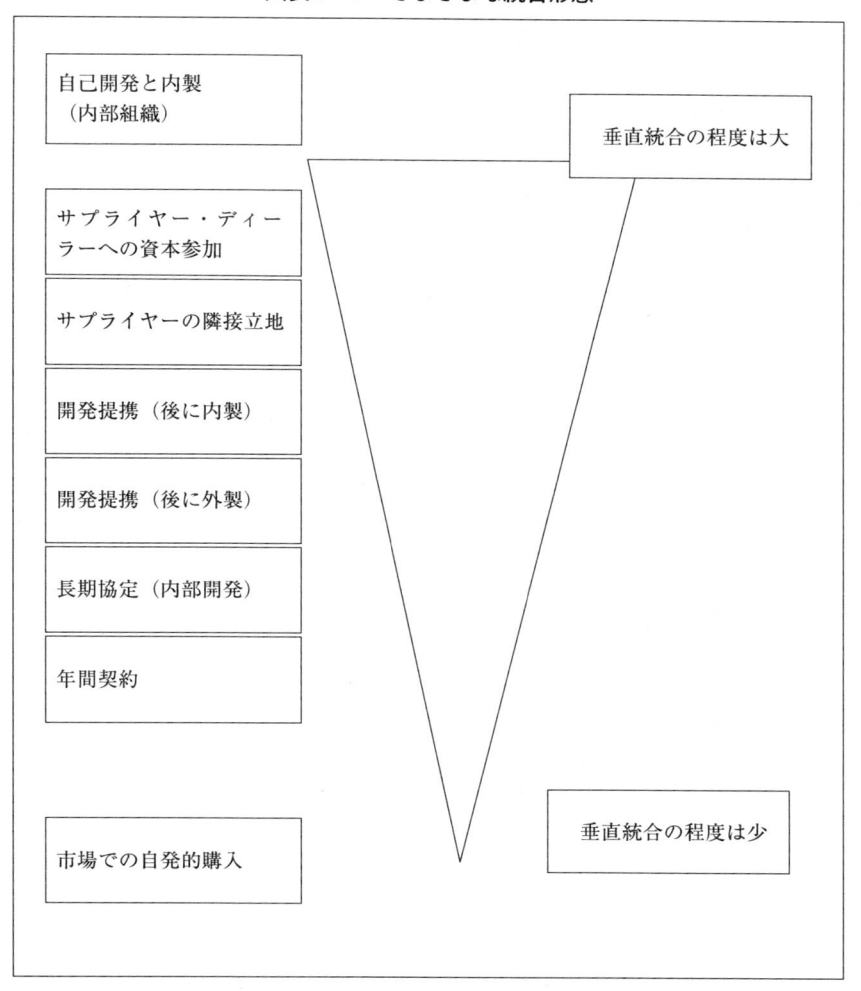

- 自己開発と内製（内部組織）
- サプライヤー・ディーラーへの資本参加
- サプライヤーの隣接立地
- 開発提携（後に内製）
- 開発提携（後に外製）
- 長期協定（内部開発）
- 年間契約
- 市場での自発的購入

垂直統合の程度は大

垂直統合の程度は少

出所）アーノルド・ピコー，ヘルムート・ディートル，エゴン・フランク著，丹沢安治他訳『新制度派経済学による組織入門』白桃書房，1999年，68ページをもとに筆者が加筆修正

戦略的に重要で，特殊な部品やサービスを頻繁に調達する際には，資本参加を行うなどパートナー同士の統合がより強固になる傾向がある[17]．買収・合併を行ったり，自社で内製するなどして内部化することも検討され得る．戦略的に重要で，かつ特殊な部品や原材料やサービスを取引する場合でも，取引量が多くなければ，買収・合併をしたり自社で内製するよりも，取引パートナーとの関係を緊密にするほうが通常は合理的である．

このようなさまざまな調達の形態は，自動車産業を観察するとわかりやすい．自動車はさまざまな原材料や部品・半製品を組み立てることによって作られるが，わが国の完成車メーカーは部品や半製品のサプライヤーをいくつかに分類して購買管理を行っている．

自動車の部品の多くはカスタム部品，すなわち，特定の車種・仕様のために作られる特殊性の高い部品である．これらのカスタム部品は貸与図メーカー，承認図メーカーと呼ばれるサプライヤーによって供給される[18]．貸与図メーカーは買い手企業の設計に従って部品の製造を行うサプライヤーであり，あたかも完成車メーカーの分工場のように機能する．また，承認図メーカーは完成車メーカーの大まかな指示に従って自社で部品の詳細な設計と製造を行ったり完成車メーカーと共同開発を行う．承認図・貸与図のメーカーと完成車メーカーは工場の隣接立地を行ったり資本関係をもつなどかなり緊密な関係をもっており，市場取引よりも自社で内製を行う場合に近いものとなる．他方で，標準的な部品や材料については購入品や市販品と呼ばれ，一回限りの取引が行われたり，短期契約での調達が行われる．これらのサプライヤーとの関係は，緩やかで薄いものとなり，市場調達に近いものといえる．

また，わが国の電機・電子産業などで広く用いられてきた古典的な分類法として，調達する部品を購入品と外注品に大別する方法がある[19]．外注品は特定の最終製品のメーカーが提示する仕様に従ってサプライヤーが供給する部品や加工サービスのことである．当然，外注品は購入品に比べ，特殊性も

少数性も高い．購入品は買い手の企業がカタログから選んで発注するだけで購入が可能な財であり，売り手も買い手も多数存在する．購入品のサプライヤーは複数の潜在的な買い手をもつので，特定の最終製品のメーカーと緊密な関係を築くことは必ずしも必要ではない．外注品のサプライヤーは購入品のサプライヤーより緊密な関係を最終製品のメーカーともつことになる．サプライヤーは一般購入先，一般外注先，優良外注先，関連会社と最終製品のメーカーとの関係の程度によって分類されている．

8.4 電機・電子産業にみる企業間の協調

本節では，現代の電子製品の製造企業を中心に，どのような企業間の協調が行われているかをみてみよう．電子製品とその主要な部品は，規格化・標準化が進展しており，個別企業や単一のグループを超えた提携や長期契約が盛んに行われている．電子製品に必要な中間財は中程度に特殊性をもち，半導体などの電子部品の値動きも激しく，電子産業は比較的不確実性も高い産業である．このような産業特性・製品特性をもつ電子産業では，中長期契約や提携による企業間の協調が広くみられる．

中長期的な企業間の関係の具体例として，1990年代後半から注目されているSCM（Supply Chain Management：サプライチェーン・マネジメント）についてみてみよう．SCMとは，原材料－部品・半製品製造－製品製造－卸－小売－消費者に至る供給連鎖の全体を視野に入れた管理手法である．SCMでは，セットメーカーと部品メーカーといったように，複数の企業にまたがって，中期的な生産計画や短期的な納期・数量などの情報が情報ネットワークを介して共有される．情報共有は，実際の製品や中間財の効率的な移動・組み立てのために行われるので，通信手順が標準化されていて，取引先を変えるスイッチング・コストが低い場合でも，頻繁な取引先の交代は行われない．場合によってはサプライヤーの隣接立地や倉庫の共同利用なども行われる．複数の協調関係にある企業は中期的あるいは長期的に緊密な関係を築

く．これは契約による協調関係としてみることができ，単純な市場取引による関係とは性質が異なる．

1990年代後半にSCMの典型事例として取り上げられたのがデル・モデルと呼ばれるデル・コンピュータが効率的な直販受注生産のために作り上げた模式である．このモデルは顧客へのインターネット直販と受注引当生産を組み合わせて構築されるものである．情報システムの効率的利用のみならず，サプライヤーとの中期的な協力関係や，サプライヤーの隣接立地がなくては達成できない．一回限りの取引・市場取引はあまり重視されず，比較的汎用性の高い財であるコンピュータ部品の中期契約による取引を行っている．

また，新しい形の製造企業モデルとして1990年代後半から注目されてきたのがEMS企業である．EMS（Electronics Manufacturing Service）とは電子機器部品などの製造請負サービスのことである．かつて，電子機器は垂直統合された日本の総合電機メーカーやIBMのような巨大企業によって，半導体生産もソフト生産も完成品生産・販売も一括して行われてきたが，1990年前後から，最終製品のハード，それに必要な部品・ソフトにそれぞれ特化した企業によって分担されるようになった．EMS企業は半製品・製品の生産・物流のみに特化し，開発や最終製品の販売は通常行わず，製品・半製品の製造のアウトソーシングを請け負う．最終製品をつくる元請け会社とは，一回限りや短期的な取引ではなく，中長期契約か提携に近い協調関係が築かれる．

電子機器は製品のライフサイクルが短く，納期の短縮は非常に重要な課題となる．また，販売予測の通りに製品が売れなかった場合に発生する過剰在庫は単に在庫費用を増やすのみではなく，製品それ自体の価値も時間が経つにつれて下がってしまう．納期の短縮やタイムリーなロジスティクスを行うためには，元請け会社との情報共有が必須であり，単なる中間財の生産メーカー以上に企業間の緊密な連携が必要とされる．また，開発情報の共有も行うため，両者の信頼関係も一回限りの市場取引を行う場合以上に重要にな

る.

　代表的な EMS 企業であるソレクトロン社は，総合電気・電子メーカーの施設を買い取るなどしてアメリカ・日本・中国・東南アジア諸国・EU 諸国・オーストラリアなど世界各地に生産拠点を設けている[20].

　デル・モデルや EMS 企業の事例にみられる中期的な企業間の協調関係は，ともに電子機器製品の製造に関わる事例である．1980年代～1990年代までに，電子機器の仕様の標準化・規格化が進んだために，部品から最終製品までを1社あるいは1グループで賄う垂直統合モデルから，水平分業モデルに移行したといわれる．電子機器やその部品・半製品は中程度に特殊な中間財として分類できる．中程度に特殊性のある財の取引にはスポット的な市場取引でも垂直統合による内製でもなく，両者の中間に位置する長期契約や提携が向くことを第3節で説明したが，電子産業の水平分業のモデルは市場調達と内製の中間的な形態に当てはまるものであるといえる．

　次に，わが国唯一の DRAM（ダイナミック・ランダム・アクセス・メモリ：コンピュータや携帯電話や情報家電の短期記憶装置として用いられる）専業メーカーであるエルピーダメモリ株式会社（以下，エルピーダ）についてみてみよう．エルピーダはＮＥＣ日立メモリ株式会社として1999年に株式会社日立製作所と日本電気株式会社（NEC）の合弁会社として発足した[21]．日立とNEC の折半出資によって設立され，役員や従業員も両社から派遣・移籍する形で組織された企業である．電子・電気産業において長年競争関係にある両社が DRAM 部門を分割し，合弁会社として統合させて発足した企業がエルピーダである．

　メモリは1980年代に日本の総合電気・電子メーカーが高い生産性を梃子に世界市場を制した製品であり，かつてはまさに「金のなる木」であった．その後，この分野で近年高い国際競争力をもつに至ったサムソンなどをはじめとする新興工業国の企業の追い上げや国内メーカー同士の過当競争の結果，激しい価格変動にさらされるリスクの高い製品となった．DRAM はさまざ

まな用途に用いられる汎用部品であるため，差別化しにくい製品であり，非価格競争への転換は非常にむずかしい．激しい価格競争の中で生き残るためには絶え間ないプロセス・イノベーションと規模の経済性を発揮させるための生産規模の拡大が必須である．そのような背景を鑑みれば，競合関係にある企業同士で合弁会社をつくることは合理的な選択であったと考えられる．

このように，電子産業だけを観察しても，部品メーカーと完成品メーカーの間や，競合企業の間において，多様な企業間の協調形態がみられる．激しい国際的な競争や競争環境の変化に対応するため，現代の企業における企業間の協調が以前にも増して重要な要素となっている．また，サプライヤーや同業他社とどのように協調するかという問題を解決しなければ，低価格・短納期・高品質といった顧客の要求を実現することはできない．

8.5 現代的な問題

組織間関係を組織論の立場から捉える資源依存モデルと，新制度派経済学の視点から捉える取引コスト論から説明した．実際の企業と企業の関係は非常に複雑かつ多様なものであり，これらの典型的なモデルのみで説明できる事象ばかりではない．近年では，コア・コンピタンス論や産業アーキテクチャ論との関連から論じられることが多くなった．また，本章では触れていない学習理論・提携戦略・企業システム論などの経営学の他の分野でも企業と企業や他の組織との関係が考察されている．そのような意味から組織間関係論は経営学の他の分野と融合しながら発展している分野といえる．

企業の大規模なM&Aや国際的な戦略的提携は近年ますます増加している．また，情報化の進展や競争の激化と相まって，流通過程の川上・川下との連携が多くの産業で必要不可欠になっている．また，新産業・新技術の開発や普及には，1つの企業，あるいは単一の産業内の企業の連携だけでは不十分であり，異なる産業に属する企業の国際的な提携が必要不可欠となりつつある．複数領域に跨る研究開発が必要であるだけでなく，標準を構築する

必要があるためだ．組織間関係論は経営学の中でスタンダードな領域ではないものの，今日の企業の活動を捉える場合に組織間関係はきわめて重要な問題となる．

注）
1) 森本三男『現代経営組織論』学文社，1998年，258ページ
2) 森本三男，同上書，258ページ
3) 高橋伸夫『超企業　組織論』有斐閣，2000年，49-51ページ
4) 山倉健嗣『組織間関係』有斐閣，1993年，98-99ページ
5) 高橋伸夫，前掲書，53ページ
6) 山倉健嗣，前掲書，101-112ページ
7) 同上書，112-117ページ
8) ミルグロム，P.，ロバーツ，J. 著，奥野正寛・伊藤秀史・今井晴雄・西村理・八木甫訳『組織の経済学』NTT出版，1997年，31-33ページ
9) 井上薫『現代企業の基礎理論』千倉書房，1994年，24-31ページ
10) ポール・ミルグロム，ジョン・ロバーツ，前掲書，673ページ
11) 井上薫，前掲書，24ページ
12) 井上薫，前掲書，27-29ページ
13) ピコー，A. ディートル，H. フランク，E. 著，丹沢安治他訳『新制度派経済学による組織入門』1999年，白桃書房，69ページ
14) 同上訳書，69ページ
15) 同上書，69-70ページ
16) 同上書，108-109ページ
17) 同上書，70ページ
18) 浅沼萬里『日本の企業組織　革新的適応のメカニズム』東洋経済新報社，1997年，209-215ページ
19) 同上書，207-209ページ
20) ソレクトロン社ウェブサイト "-Locations-" http://www.solectron.com/about/loc.htm（閲覧日2005年6月30日）
21) エルピーダメモリ株式会社ウェブサイト　ニュースリリース「NECと日立，DRAMの合弁会社設立の契約を調印」http://www.elpida.com/ja/news/1999/11-29.html（公表日1999年11月29日，閲覧日2005年6月30日）および，エルピーダメモリ株式会社ウェブサイト　ニュースリリース「NEC日立メモリ株式会社を設立」http://www.elpida.com/ja/news/1999/12-27.html（公表日1999年12月27日，閲覧日2005年6月30日）

◆参考文献

Williamson, Oliver E., *Markets and Hierarchies*, Free Press, 1975. (浅沼萬里・岩崎晃訳『市場と企業組織』日本評論社, 1980年)

山倉健嗣『組織間関係』有斐閣, 1993年

井上薫『現代企業の基礎理論』千倉書房, 1994年

Milgrom, P. and Roberts, J., *Economics, Organization & Management*, Prentice Hall, 1992. (奥野正寛・伊藤秀史・今井晴雄・西村理・八木甫訳『組織の経営学』NTT出版, 1997年)

浅沼萬里『日本の企業組織 革新的適応のメカニズム』東洋経済新報社, 1997年

森本三男『現代経営組織論』学文社, 1998年

ピコー, A. ディートル, H. フランク, E (丹沢安治他訳『新制度派経済学による組織入門』白桃書房, 1999年)

高橋伸夫『超企業 組織論』有斐閣, 2000年

第9章

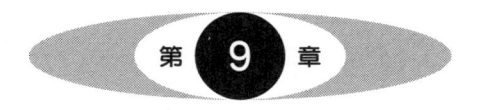

組織の内部コントロール論と変革型リーダーシップ

9.1 組織コントロール論の意義

　コントロールの概念は，主として管理過程学派による管理プロセスの一環として，計画の達成行動を監視，是正する機能として認識され，理解されてきたものである．しかし，1960年代以降，コントロール機能自体の研究が，経営計画や経営成果とのかかわり，また予算とのかかわりを軸に多面的に進展し，マネジメント・コントロールとして議論が展開されるにいたっている[1]．

　組織の多くの問題は，革新性の追求と安定性の追求というパラドキシカルな状況に直面している．組織の安定性を求めると，激動の外部環境や組織構造の硬直性をまったく解決できない．むしろ，過去の輝かしい成功が，組織変革を妨げる人的な要因となっているケースが多い．あえて，このパラドキシカルな状況を乗り越え，環境を創造して，新たな組織形態を生み出すリーダーシップのあり方が求められている．今日，変革型リーダーシップのあり方について議論されているが，ネットワークリーダーシップについて考究したい．

　個人と組織の関係は，組織論の重要なテーマのひとつであり，組織行動論という名称で組織内の人間行動が研究されてきた．この組織行動論の起源は，1950年代にアメリカで発達した「行動科学」であり，その中のモチベーション理論，人的資源論と密接な関係を有しているとされている[2]．モチベーションは，目標を志向する自発的行動がどのように生起し，方向づけら

れ，持続するかを説明する概念である．経営組織論では，個人や集団的な目標に向かってさまざまな問題を解決していくプロセスや，どのようにすれば高いモチベーションと組織目標を達成可能であるのかが重要なテーマである．さらに，組織のさまざまな要因（組織構造，組織文化，管理システム，タスク特性）がどのように組織メンバーのモチベーションに影響するのか，また組織メンバーのモチベーションの強さが部門や組織の業績にどのような影響を及ぼすかというところに関心がある．

　一般に，個人の業績は，能力とモチベーションとの役割知覚（職務達成のための自分の役割を知る）の三者の相乗効果によって決まると考えられる．リーダーは，フォロワーの能力，モチベーション，役割知覚，それぞれに影響を与えることでフォロワーの業績を高めることができる．ここでは，単に，組織集団が目標を達成するように，リーダーが組織メンバーの自発的な努力を喚起する影響過程をリーダーシップと定義する．したがって，管理者のリーダーシップは，フォロワーのモチベーションへの影響力を通じてフォロワーの業績を高め，その結果，組織の業績を高めることができる．このように，リーダーシップの有効性は，業績にどのような効果が出ているかどうかで判定される．

　リーダーシップ論の研究は，リーダーのもつ固有な資質の特性を明らかにしようとする資質理論と，リーダーの行動を類型化し，最適リーダーシップスタイルを明らかにしようとする行動理論，リーダー行動と他の要因との条件的適合を特化する条件（Contingency）理論，組織のトップのリーダーシップに関心をもつ制度的リーダーシップ理論とに大別できる．リーダーシップは，リーダーとフォロワーの相互作用にかかわる概念だけれども，強制力を伴わない点で直接的なパワー論とは異なることを看過してはならない．

9.2　モチベーション理論

　モチベーションに関する理論は，大きく分けて欲求の内容理論（Content

Theory）とプロセス理論（Process Theory）がある[3]．キャンベルら（Campbell, J. P., et al. 1970）もこれらの理論を内容理論と過程理論とに二分している．前者は，人間行動のエネルギー付与の問題を扱う欲求の内容に関する研究であり，後者は，欲求によって付与されたエネルギーの強さ，持続性，そして方向性に関する研究である．1960年代に入るとさまざまな理論が提示されたが，その後，各理論はさらなる展開と精緻化が進められた．統合への志向は少なく，まさにセオリー・ジャングル状態にあるといえよう．

内容理論（Content Theory）は，動機づけられた行動に影響を及ぼす変数の実態を明らかにしようとする．人びとを行動へ向かわしめる欲求に注目し，欲求充足活動に向かわしめるモチベーション内容を解明する．すなわち，人びとの基本的欲求は何か，どのような誘因が影響しているのか，などが課題となる．欲求の内容理論は，マレイ（Murray, H. A.）の研究をその出発点とするマックレランド（McClelland, D. C.），ワトキンソン（Watkinson,

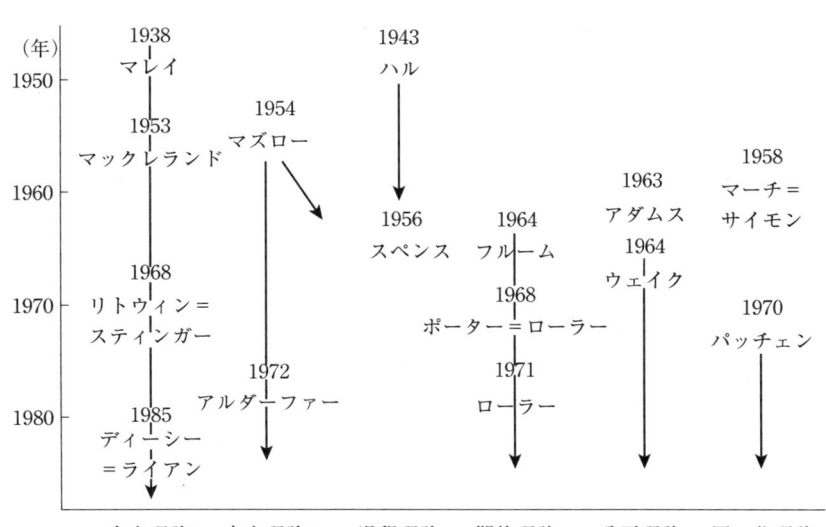

図表 9-1　モチベーション論の系譜

(年)	内容理論1	内容理論2	過程理論	期待理論	公平理論	同一化理論
1950	1938 マレイ		1943 ハル			
1960	1953 マックレランド	1954 マズロー	1956 スペンス	1964 フルーム	1963 アダムス	1958 マーチ＝サイモン
1970	1968 リトウィン＝スティンガー			1964 ウェイク 1968 ポーター＝ローラー		1970 パッチェン
1980	1985 ディーシー＝ライアン	1972 アルダーファー		1971 ローラー		

J. W.），リトウィンとスティンガー（Litwin, G. H.＝Stringer, R. A.）らの研究とマズロー（Maslow, A. H.）の流れをくむハーズバーグ（Herzberg, F.），アージリス（Argyris, C.）等の研究がある．本章において主な論者のうち，①マレイ，②マックレランド，③マズロー，④ハーズバーグ，⑤マグレガー，⑥アージリスのモデルを概説する．

　他方，過程理論（Process Theory）は，動機づけられた行動が呼び起こされ，方向づけられ，持続する過程を説明する変数を明らかにしようとする．内容理論では行動を呼び起こす欲求にのみ関心が向かっていたが，そのような欲求がどのような過程を経て行動に結びつくのか説明されなかった．過程理論は，欲求が行動へとつながるメカニズム・プロセスを明らかにしようとする．この理論には，動因理論，公平理論，期待理論が含まれる．内容理論，過程理論とは別に，組織メンバー間の相互作用の存在を重視し，集団・部門・組織との一体化メカニズムによる仕事モチベーションの説明を考察する「同一化理論」がある．

9.3　モチベーションの内容理論

(1) マレイ（Murray, H. A.）の「欲求リスト」

　マレイ（1938）は人間のもっている欲求を「欲求リスト」として掲げ，人間行動の根拠を探求し，欲求充足のプロセスを解明しようとした．彼の欲求リストは，単に人間がもっている欲求を並べただけであり，それらの欲求間の関係について何も述べていない．マレイの貢献は，「課題統覚検査」（TAT）という欲求の測定方法を開発したことにある．これを用いて，個人の人格特性，隠された欲求，コンプレックスなどを診断するのである．この方法は，欲求の測定に多く用いられるが，TATの分析・解釈を研究者に依存するというやり方に一定の限界があることに留意しなければならない．

(2) マックレランド (MaClelland, D. C.) の達成欲求

マックレランドは，マレイの欲求リストから達成欲求 (need for achievement, n 達成) を重視し，達成要求と組織行動について実証分析を行った．そして彼は多くの調査研究から，達成欲求と仕事のより高いレベルの遂行ないし成功には，強い正順関係があることを発見した．したがって，達成欲求が強い人間は，仕事の遂行から直接得られる内的報酬によって動機づけられるので，①能力が発揮でき，達成しがいのある挑戦的な仕事を直接割り当てる．②その成果についての情報をフィードバックすることにより，その人間の仕事についての適切な，より高いレベルの目標を自主的に設定し，目指すので，結果としてより高い組織成果が期待でき，彼自身も高い達成感をえることができる[4]．彼の研究をもとに，リトウィンとスティンガー (1968) は，企業のトップマネジメントの調査を実施し，彼の成功と他の欲求や価値観との関係を明らかにした．さらに，クミン (1967) は，パワー欲求 (need for power, n パワー) が仕事に強い影響力をもっていることを発見している．

(3) マズロー (Maslow. A. H.) の欲求5段階説とその展開

マズローは人間の欲求を5段階に分けて考えた．低次のものから高次のものに並べると，生理的欲求，安全の欲求，社会的欲求，尊厳の欲求，自己実現欲求であり，人は低次の欲求が実現されると，より高次の欲求をもつようになり，いったん満足した欲求はもはや動機づけにはならないとしている．

生理的欲求とは，衣食住など人が生物として生きていくための基本的要求である．働いて生活のための給与を得ようとするのがこれに当たる．安全の欲求は，危険から身を守るための政治的・物理的な欲求で，社会生活を送るうえでの安全に対する要求であり，会社では安全な職場環境で仕事をしたいというようなかたちで現れる．社会的欲求とは，集団に所属し，良好な人間関係を得ようとするような欲求である．尊厳要求とは他人から高く評価されたいとか，責任や権限をもちたい，自信をもちたいというような欲求であ

る．こうした要求が実現されると，自分のもつ可能性を見極め，それを最大限に発揮し，自分なりにあるべき最高の姿を実現したいという自己実現の欲求をもつようになる．この段階では人から評価されるということとは別に，自分の目標に対し納得いく成果を最も重要だと考えるようになる．ただ，最高段階の欲求である自己実現の欲求は，非飽和性の欲求であるとされる．すなわち，自己実現の欲求は，満足されたとしてもその強さは減ることなく，むしろ増えることになる．さらに，低次の欲求が満足されると次の欲求が生じるという仮定についても，実際には同時に2つの欲求が人の行動を支配することもあるかもしれない．

マズローの主張は，自己実現欲求を人間行動のモデルに組み込むことで，マグレガーやアージリスの考え方に影響を及ぼした．しかしながら，マズローの欲求分類と欲求構造の階層性の主張は，十分な経験的検証を経ていない．近年では，アルダファー (1969, 1972) による修正がなされている．

アルダファー (Alderfer, C.) は，マズローの理論を修正して ERG 理論を展開する．ERG 理論とは，生存 (Existence)，関係 (Relatedness)，成長 (Growth) の頭文字を取ったものである．アルダファーは，マズローの段階理論を継承しているが，違いを要約すると次の2点である．第1に，マズローが低次の欲求を満足した結果，次の欲求に進むと考えたのに対して，アルダファーは，この満足による前進に加え，後退——フラストレション——のプロセスを考えた．第2に，1つ以上の欲求が同時に作用し，活性化されうることを仮定した点である．

(4) ハーズバーグ (Herzberg, F.) の衛生理論

マズローの主張は，人間の基本的欲求を明らかにする一般理論であるが，仕事を通してどのような欲求が充足されるかを論じたのがハーズバーグである．彼によれば，技師と会計士による面接調査から，職務満足の決定因と職務不満足の決定因とがそれぞれ別のものであることと理解した．

ハーズバーグは，組織の与えるインセンティブを，①成長したいという欲求を満たすもの（動機づけ要因），②特に満足感を高めるわけではないが，無いと不満を感じるもの（衛生要因）にわけた．動機づけ要因（満足要因）は，人間のアブラハム的側面，つまり自己実現と精神的成長にかかわり，衛生要因（不満足要因）は，アダム的側面，つまり苦痛の回避に関連する．動機づけ要因には，好業績の達成，他者からの評価，高度な仕事，責任，昇進などがある．

衛生要因には，不満発生を予防する効果はあるが，積極的な職務態度を引き出すものではなく，メンバーを満足させ，積極性を高めるには動機づけ要因を与えなければならない．したがって，組織メンバーの仕事意欲を高めるために「職務充実」の必要性が理解できる．しかしながら，彼の「動機づけ―衛生理論」には，調査方法（臨界事象法）に限界があること，職務満足とモチベーションとを区別していないことが挙げられる．

(5) マグレガー（McGregor）の2つの人間仮説

マグレガーは，前述の2つの理論に極めて近い「X理論―Y理論」を提唱した．まず，このX理論とは，伝統的な管理論に該当し，マズローの低次の欲求（生理・安全・社会的欲求）やハーズバーグの衛生要因に近い要因に強く関連している．このX理論は，次のような人間行動特性を前提に存在している[5]．

① 人間は生来将来仕事が嫌いで，できれば仕事をしたくないと思っている．
② 人間には仕事嫌いの特性があるから，強制されたり，統制されたり，命令されたり，処罰されたりしなければ，組織目標を達成するのに十分な力を発揮しない．
③ 人間は命令されるほうが好きであり，責任を回避したがり，あまり野心をもたず，なによりまず安全を望んでいる．

これに対して，Y理論は，マズローのいう自己実現の欲求，ハーズバーグの動機づけ要因と関連している．Y理論に依拠する管理論は，次のような人間特性を基礎に成立している．

① 仕事で心身を使うのはごく自然なことであり，遊びや休憩の場合と変わりはない．
② 外部から統制されたり，脅迫したりすることだけが組織目標の達成に努力させる手段ではない．人間は自分が進んで献身した目標のためには，自ら自分を制御して働くものである．
③ 献身的に目標達成に尽くすかどうかは，それを達成して得る報酬次第である．そして報酬の最も重要なものは，尊厳欲求や自己実現欲求である．
④ 人間は条件次第では，責任を引き受けるばかりか自ら進んで責任をとろうとする．
⑤ 組織内の問題解決のために，比較的高度の想像力や工夫や相違を発揮する能力は，たいていの人間に備わっている．
⑥ 現代の組織において，従業員の知的能力はほんの一部しか生かされていない．

マクレガーはこのX理論―Y理論により，組織は古いX理論より成り立っている伝統的管理論からはなれて，個々人の主体性・自主性・責任性を生かしたY理論に移行すべきであると主張した．

(6) アージリス（Argyris, C.）の未成熟―成熟理論

アージリス理論もまた，組織の中の人間の自主性・主体性・能力開発の重要性を取り上げている．アージリス理論は，人間の発達，すなわち，幼児の段階から成人へと発達するに際して，7つの次元にそった成熟化の過程を示した．

組織内のメンバーに対する組織のコントロールは，あたかも未成熟の個人

を前提にしているかのようであり，すでに成長し，自我を確立させているメンバーに対しては，成熟段階の個人を前提とした組織展開を実施されなければならない．このため，職務拡大，参加的リーダーシップを取り入れた組織活動を実施すべきであるとしたのであった．

初期のモチベーション研究の共通する考え方は，自主的判断を下すことを欲する人間，責任があり，やりがいがある仕事を進んで希求する人間，常に能力開発を目指す人間を前提とした「自己実現人」モデルを前提としている．したがって，管理の目標は，この自己実現人の欲求に見合った組織活動の展開，すなわち，自己実現人と組織活動との統合化を目指している．

その後，自己実現という抽象的な概念ではなく，より具体的に能力発揮の面からそれを規定した「内発的動機づけ理論」がディーシーとライアン（Deci and Ryan, 1985）によって提唱された．彼らが焦点を当てた欲求は，自分の能力を実感し，社会の中で自分か必要であることを認知したい欲求，すなわち，効力感（effectance）を求める欲求である．この理論は，その概念構成において，単に内部の欲求だけ扱うのではなくて，組織のメンバーの行動が外部環境に与えた結果，戻ってくるフィードバックの成果にも注目している．すなわち，外部からの評価をどのように認知するかが本人の感じる効力感を左右するというものである[6]．この理論が，別名「認知的評価理論」と呼ばれるのはそのためである．

9.4 モチベーションのプロセス理論

プロセス理論は，心理学者のワトソン（Watson J. B.）によって主張された「行動主義」に基づいている．彼の立場は，人間の行動を刺激（Stimulus-S）と反応（Response-R）として定式化した．このS-Rモデルは，1930年代にSとRの間にO（Organization）を介在させ，すなわち，主体を入れたS-O-Rモデルとして展開された．主体の能動性が「行動主義」よりも重視される点で「新行動主義」と呼ばれる．新行動主義は動因理論，期待理論と

して人間行動を説明する上で具体的な理論展開を見せている．

(1) 動因理論

ハル（Hull, C.），スペンス（Spence, K.）により展開されたモチベーション理論である．ハルは，現在の行動が，習慣の強さと動因の強さとの積の関数であると主張する．

$$sEr = \int (sHr \times D)$$

sEr：行動あるいは反応ポテンシャル
sHr：習慣強度，過去の強化経験（刺激と反応との結びつき）の関数であり，学習を表す．
D：動因，生物的必要から起きる欲求．

動因理論は，テーラー以来の出来高給制度を支える理論として利用されてきた．労働者が同じ製品を作りつづけることは，非常に強い sHr もたらすと考えられたからである．ただ，sHr の変化がすぐに起きないことから，強化の大きさを変えることに伴う行動の即時の変化を，動因理論で説明することは困難である．将来の予測の変化を取り込むフレームワークがかけているからである．

(2) 公平理論

アダムス（Adams, J.）により展開された理論で，社会的交換における不公平の解消に人が動機づけられると考えるところにこの理論の特徴がある．アダムスによれば，不公平は，自己のインプットに対するアウトプットとが等しくないと認知することによって生じる．すなわち，

$Op/Ip < Oa/Ia,\ Op/Ip > Oa/Ia$

$O = \sum_o i,\ I = \sum_I i$

O：アウトカム　　I：インプット
a：他者　　　　p：自分　　　　i：定数

　アウトカムは，組織からメンバーが受け取る報酬であり，インプットは，メンバーが組織に提供するものである．人が不公平を認知すると，インプットかアウトプットを変えることで公平を達成しようとする．たとえば，自己の給与と仕事量との比が，他者のそれよりも小さいと感じた場合，仕事量を減らすことで公平を回復するかもしれない．ただ，公平理論では，不公平の解除のために，インプット，アウトカムの一方か，または双方を変更するのか，あるいはどの特定のインプット，アウトカムを変更すべきかを明示していない．

(3) 期待理論

　期待理論は，レビン（Lewin, K.）やトルマン（Tolman, E.）らの認知枠組みを用い，期待価値あるいは効用を最大化する行為を選択するという意味において合理的な人間を仮定する．仕事モチベーションを特にあつかうモデルを示し，その後の研究に影響を与えた，①ブルーム（Vroom, V.），②ローラー（Lawler, E.E.）モデルを詳説する．

① ブルーム・モデル

　ブルームは，「誘意性」(Valence)，「手段性」(Instrumentality)，「期待」(Expectancy)，という概念により，モチベーションをモデル化する．

　誘意性とは，ある行為の結果，得ると予想される満足度の程度である．手段性とは，ある行為により直接得られる結果（第1レベル・アウトカム）

と，付随結果（第2レベル・アウトカム）との結びつきの程度（相関）を示す．

たとえば，「ある人にとってのある結果の誘意性は，他のすべての結果の誘意性と，こういった他のすべての結果の獲得に対するその結果の手段性についての彼の認識の積の代数和の単調増加関数である．」[7]

高い業績を上げるという結果の誘意性は，好業績に伴うと人が認知する昇給，賞与，自尊心などの第2レベル・アウトカムの誘意性と，それらアウトカムと好業績との結びつきを示す手段性との積の総和により決まることになる．ある行為（セールスマンが休日出勤をして仕事をする）が，ある結果（仕事量が増え，会社の売上が伸びた）を伴うことについての確信の度合い，主観確率を期待と定義する．すると，モチベーションの強さは，「人がある好意を遂行するように彼に作用する力は，すべての結果の誘意性と，その行為がこういったすべての結果の獲得をもたらすとする彼の期待の強さとの積の代数和の関数である．」[8]とあらわされる．

ブルームの理論は，意図的，予測的，目標指向的な人間行動を説明する基礎としての意義をもっている．しかしながら，組織における人間の行為を理解するには，組織のさまざまな要因がどのようなモチベーション過程に影響するのかのフレームワークが必要になる．次に，より精緻化したローラー・モデルで検討する．

② ローラー・モデル

ブルームの理論では，欲求と誘意性とモチベーションとの関係を明示されておらず，それゆえ，職務満足と業績とのつながりに欠落があった．また，先のマズローやハーズバーグらの内容理論は，満足とモチベーションとを区別していない．これらを包含し，精緻化したモデルを示したローラーの主張について詳説する．

彼のモデルでは，次の変数によりモチベーションが規定されている．

1. $(E \to P)$ 期待：努力が業績をもたらすことの主観確率
2. $(P \to O)$ 期待：業績 P がアウトカム O をもたらすことの主観確率
3. V：アウトカム O の優位性
4. 自尊心：自尊心が高いと $(E \to P)$ 期待は高まる，過去の業績も影響
5. 過去の観察と体験：過去の経験からの類推が $(E \to P)$ 期待や $(P \to O)$ 期待に影響，努力と業績との結合（問題解決アプローチ）の知覚にも影響
6. 成果の欲求充足度の認知：成果が多様な欲求を充足する度合いが大きいと知覚するほど，その成果の誘意性 V は増大
7. 成果の公平性：誘意性 V に影響
8. 内的・外的コントロール：個人差（外部挑戦型か外部順応型）が $(P \to O)$ 期待に影響，外部挑戦型の人は，$(P \to O)$ 期待が大
9. 問題解決アプローチ：努力が業績に結びつく方法についての知覚

すなわち，

$$\Sigma[(E \to P) \times \Sigma[(P \to O)]]$$

によりモチベーション強度があらわされ，それが「努力」に反映される．業績は，職務を遂行する努力と，能力と，職務遂行方法の知覚とが相乗的に結びついて決まる．業績と報酬とのつながりが破線なのは，報酬が必ずしも業績を条件とするもののみでないことを示している．業績と報酬の結びつきは，学習を通じて $(P \to O)$ 期待と誘意性 V に反映する．

努力の結果，得られた報酬が希求水準よりも大きければ満足し，少なければ不満足が残る．

(4) ローラー・モデルとモチベーション

ローラー・モデルでは，給与制度が，$(E \to P)$ 期待，$(P \to O)$ 期待，そ

図表 9-2 ローラー・モデル

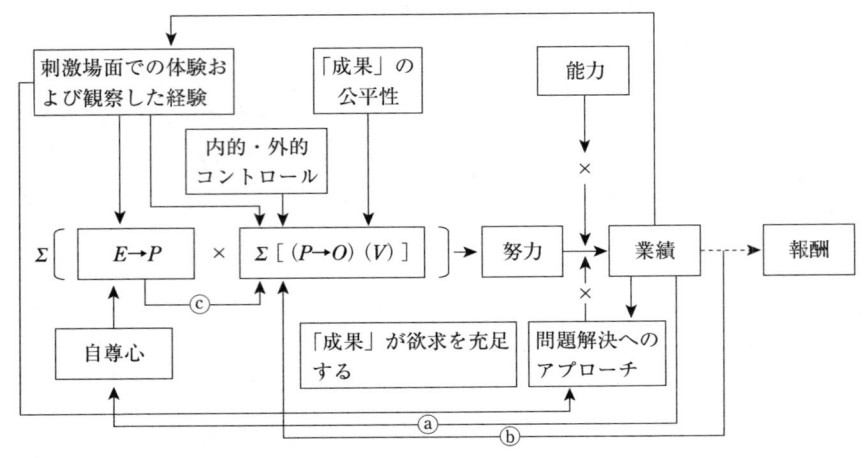

$$\Sigma \left[E \to P \right] \times \Sigma \left[(P \to O)(V) \right] \to 努力 \to 業績 \dashrightarrow 報酬$$

出所）ローラー，E. E. (1971). 邦訳，150ページを参照

れぞれにかかわることにより，メンバーのモチベーションを強めることが前提となる．すなわち，仕事に励めば業績が上がるという確信，業績があがれば給与が増すという確信，そして給与増が大きな誘意性をもつことになる．これらの前提を満たす実績主義制度を想定したら，組織要因のもとでどのような形態が具体的に可能であろうか．

組織要因は，さらに次のように小分類される．管理形態は，専制的と民主的とに，生産方式は，大量生産および多品種生産方式，プロセス生産方式とに分類され，企業規模は，大企業と中小企業とに，権限集中度は，集権的と分権的とに分けられるのである．

これらの要因それぞれが実行可能な給与制度を規定する．たとえば，専制的な管理形態のもとでは，給与は売上高などの客観的基準により明確に業績と結びつけられるが，民主的な管理形態のもとでは，参加的目標設定を用いることができる．日本の給与形態は，後者の民主的な形態といえるが，能力と業績と給与との間に明確な基準がないというところに大きな特徴がある．

いわゆる年功賃金制は，年齢と役職で賃金が決まり，若年者や有能者のモチベーションをうまく引き出すことができない．一般に，わが国企業組織の活力のなさや革新性の欠如は，人の生かし方や組織変革の難しさを物語るものとなっている．

また，生産方式，企業規模，権限の集中度の程度により，業績測定が個人ベース，集団ベース，部門ベースなどに限定されるであろうし，業績基準も弾力的に多様なものになるであろう．上述の4つの要因の組み合わせに応じて，適切な実績主義の給与制度が具体化される．たとえば，給与制度に関して，専制的管理形態・量産方式・大規模・集権的組織では，個人ベース・客観的基準で適用可能であるが，専制的管理形態・専門職サービスの場合では，企業規模や権限集中度にかかわりなく適用不能となる．

ローラーは，組織がメンバーに与える報酬としては，給与に限定したうえで，組織要因とモチベーションとの関係を明らかにしたことから，従来の理論をより組織論的に展開した意義は高く評価される．しかし，組織行動を組織とメンバーとの相互作用影響プロセスとして考えると，管理形態を専制的・民主的とに区分しても，その因果関係はさだかではない．すなわち，管理者のリーダー行動の効果を考慮する必要があるからである．

9.5 リーダーシップ理論

(1) リーダーシップ理論の系譜

リーダーシップ論の研究は，①リーダーのもつ固有の資質の (traits) 特性を明らかにしようとする資質理論と，②リーダーの行動を類型化し，最適リーダーシップ・スタイルを明らかにしようとする行動理論，③リーダー行動と他の要因との条件的適合を特化する条件理論（Contingency）理論，④組織のトップのリーダーシップに関心をもつ制度的リーダーシップ理論とに大別できる．

第2次世界大戦終結頃までのリーダーシップの研究は，資質理論の時代と

して特徴づけることができよう．このころまでの資質理論が明らかにしたことは，リーダーの地位にある個人が，①知能，②学業，③責任感，④活動性と社交性，⑤社会経済的地位で，他の集団メンバーに勝っていたことである．同時に，リーダーに必要な資質・特性・技能は，リーダーが役割を果たす状況の要請により決定されるという．しかしながら，資質論は，リーダーのどういう資質がどのような理由でリーダーシップの有効性と結びついているのか説明がなされていないのである．また，リーダーの資質が先天的だとすると教育・訓練による管理者リーダーシップの向上が無意味になるであろう．

その後，リーダーシップをリーダーのもつ個人特性ではなく，リーダーとフォロワーとの影響過程として考え，リーダーシップ・スタイルに着目した研究が出現する．それらは，オハイオ州立研究，ミシガン研究，PM論などの行動論研究である．1960年代に入ると，いかなる場合にも最適なリーダーシップ行動は存在しないという実証結果をふまえ，どの条件のもとでリーダー行動が有効かを明らかにする条件理論が展開されてきた．状況好意性とリーダー行動との対応を主張する，フィードラー（Fiedler, F.）の状況理論，モチベーションの期待理論に基づく経路目標理論（path-goal）理論である．

この頃のリーダーシップ研究は，一定のものの見方をもっていた．どのようなリーダーシップ・スタイルがあると（独立変数），どの程度のメンバーの動機づけや期待が高められ（仲介変数），その結果，業務行動の成果やメンバーの満足を達成できるか（従属変数），という枠組みである．このようなリーダーシップ研究の流れは，1970年代までのものである．組織のいずれにも共通するものの見方は，どのようなリーダーシップ・パターンという原因がある時，求めるべきメンバー行動による成果が出てくるのか，という「直線的な因果律」であった．これこそオープンシステム原理の基本発想である．つまり，オープンシステムは，ある変化を外部から入力し，その変換プロセスが働いた結果，アウトプットが出力されるというものの見方である．

オープンシステム観にたつリーダーシップ研究もいくつかのアプローチの変化を経験している．大きく分けると，すなわち，「特性発見論的アプローチ」，「行動記述論的アプローチ」，および「状況適合論的アプローチ」の3つである．1970年代末から1980年代になると，リーダーシップの研究で暗黙の前提としていた直線的因果律に対し疑問が投げかけられるようになった．リーダーの行動パターンがメンバーの行動パターンに影響を及ぼすことはよいとしても，他方，そのメンバー行動をみているリーダー自身も翻って影響を受けるはずであり，その後のリーダーシップ行動は，以前とは少しは異なる行動となるものだ，という考え方である．すなわち，リーダーの認知として，フォロワーのとった行動をどのような原因に帰属させるかという「帰属理論的アプローチ」，リーダーとメンバーは相互交渉関係にあるとする「交換理論的アプローチ」の研究がなされるようになった．前者の代表的研究者はワイナー（Weiner, 1986）の帰属過程理論であり，後者の代表はグレイン等（Graen and Schiemann, 1978）の垂直的二者関連モデル理論である．

このような新しい研究の方向性は，リーダーシップ研究におけるものの見方の大きな変更を意味した．その変更とは，リーダーとメンバー間における原因と結果の循環を認めるものである．この「循環的因果律」のフレームワークは，リーダーもメンバーもお互いに他がどうであるかを認知する主体であるとすることから生じる．両者が主体的に相手がどうであるかを考え，判断して行動することに認知の循環が起きる．これはポリエージェント理論の基本的な考え方である．1980年代に入ってからのリーダーシップ研究は，すでに人間のもつ主体的な認知の機構を取り入れる方向へと進んでいる．

(2) 行動論アプローチ

リーダーシップをリーダー自らの行動により操作化し，最適なリーダーシップ・スタイルを探求しようとするのが行動論アプローチである．

オハイオ州立研究は，1945年からオハイオ州立大学ビジネス調査局で開始

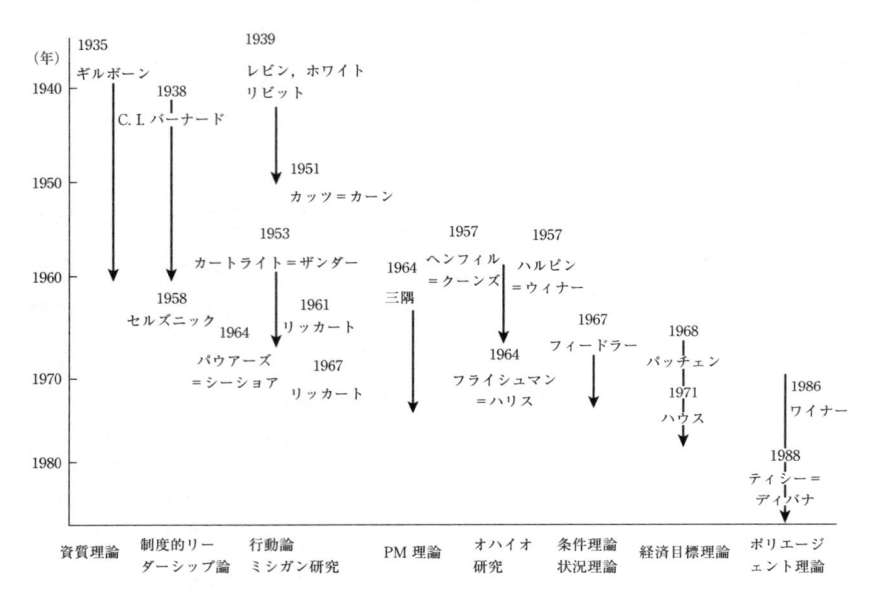

図表9-3　リーダーシップ理論の系譜

年	資質理論	制度的リーダーシップ論	行動論ミシガン研究	PM理論	オハイオ研究	条件理論状況理論	経済目標理論	ポリエージェント理論
1935	ギルボーン							
1938		C. I. バーナード						
1939			レビン, ホワイト リピット					
1951			カッツ＝カーン					
1953			カートライト＝ザンダー					
1957					ヘンフィル＝クーンズ / ハルピン＝ウィナー			
1958	セルズニック							
1961			リッカート					
1964			バウアーズ＝シーショア	三隅	フライシュマン＝ハリス			
1967			リッカート			フィードラー		
1968							パッチェン	
1971							ハウス	
1986								ワイナー
1988								ティシー＝ディバナ

され，リーダー行動をフォロワーの認知で記述する「リーダー行動記述質問表（LBDQ）」が開発された．空軍の爆撃機搭乗員に対する指揮官のリーダー行動を対象とするハルピンとウィナー（Halpin, A. and Winer, B.）の調査によると，因子分析の結果，配慮（consideration），構造づくり（initiating structure），生産性強調，感受性の4因子が識別された．配慮と構造づくりとで共通因子分散の大部分を説明できるので，リーダーシップ特性をこの2因子が代表するようになる．ここでいう配慮とは，メンバーの役割を明確にして仕事を割り当てるといった作業遂行のための心理的構造をメンバーにつくり出す行動である．

　他方，ミシガン研究は，ミシガン大学調査研究センターで，オハイオ州立研究とほぼ同時期に実施され，その研究では，従業員志向型と生産志向型というリーダーシップ・パターンが識別された．充実のオハイオ研究と，前者

は配慮と，後者は構造づくりとに近似しているが，独立した次元としては考えられていない．後期のミシガン研究では，支持，相互作用促進，目標重視，作業促進の4因子を識別しているが，これらは，それぞれ，配慮，感受性，生産重視，構造づくりに対応する．

このように，両研究においてリーダー行動の識別された次元に共通性があることがわかる．オハイオ州立研究では，高配慮，高構造づくりのリーダーシップ・スタイルをリーダーがとると，フォロワーの満足・業績に好影響を与えると主張する．リッカートのシステム4，三隅のPM型リーダーシップ行動にも同様な含意がある．しかしながら，状況によっては高配慮・高構造づくりを取り得ないこともあり，普遍的に有効なリーダー行動の存在に疑問が投げかけられることになる．そのことに次の条件理論の理論展開の基盤があるといえるだろう．

(3) 条件理論

フィードラーは，リーダーシップの有効性が，リーダーシップ・スタイルと状況好意性との条件適合によると主張する．

リーダーシップ・スタイルは，リーダーが協働者として最も好ましくないと思うものについての知覚得点（LPC：Least Preferred Co-worker）により測定される．LPC得点の高いリーダーは，彼がもっとも好ましくないと思うものについても好意的にみるもので，関係指向型リーダーシップ・スタイルをとる．LPC得点が低いリーダーは，タスク指向型のリーダーシップをとる．

状況好意性は，状況がリーダーの集団行動に対する潜在的パワーと影響力を与える程度を意味し，①リーダーとメンバーとの関係，②タスク環境，③フォーマルな権威から得たリーダーの地位のパワーの3つの次元で決定される．タスク指向リーダーシップ・スタイルは，リーダーにとってきわめて有利か，きわめて不利な集団状況で有効であり，関係指向のリーダーシップ・スタイルは，中程度に有利か不利かの状況で有効とされる．

フィードラーの理論は，実証研究に基づいており，実践志向の強いものであるが，LPC 得点の意味が明確ではなく，リーダーシップの有効性の理論的説明にかけている．有効性の理論的説明の欠如は，オハイオ州立研究やミシガン研究にもあてはまる．これに対して，リーダーシップの有効性をメンバーに対するモチベーションの効果の視点から説く経路目標理論は，期待理論に依拠することで理論的説明の道を開くものと考えることができる．

9.6 リーダーシップの有効性とモチベーション

(1) リーダーシップとモチベーション効果

リーダーシップは，集団における現象であるから，リーダーシップの有効性は，フォロワー個々人が成果をあげることを通じて考察することができる．そうすると，リーダーシップの有効性は，フォロワーのモチベーション喚起の問題に置き換えることができる．

ハウス (House, R.) は，期待理論に依拠して，フォロワーの満足・モチベーション・業績に対するリーダー行動の効果を説明する．彼は，経路・手段性（特定の経路）を導入し，次のようなフォロワーのモチベーションを定式化する．

$$M = IV_b + P_1 \left[IVa + \sum_{i=1}^{n}(P_{2i}EV_i) \right]$$
$$i = 1, \cdots, n$$

M：仕事モチベーション
IV_b：仕事をする過程での内的誘意性
IVa：仕事目標達成にかかる内的誘意性
EV_i：仕事目標達成にかかる外的誘意性
P_1：仕事目標到達行動の経路手段性，$(E \to P)$ 期待に対応
P_{2i}：外的誘意性を得るための仕事目標の経路手段性，$(P \to O)$ 期待に対応

期待理論の仮定する人間観は、行動に先立って「期待」と「誘意性」とを計算するきわめて打算的なフォロワーである。そのようなフォロワーの認知過程にリーダー行動が影響を及ぼすことで、フォロワーのモチベーションを強め、ひいては業績をあげる課程を説明するフレームワークが示される。

有効なリーダーシップの成立理由とプロセスをオハイオ州立研究を例にとり説明すると、配慮行動は、フォロワーとの間に支持的関係を作るから、それ自体が EV_i となる。また、部下の昇進や昇給に影響力を行使して P_{2i} を高め、モチベーションを強くして好業績をあげることができると想定できる。構造づくりは、部下の職務遂行を容易にすることで P_1 を高め、モチベーションを強めて高業績を可能とするだろう。

(2) タスク特性と条件変数

高配慮のリーダーについて、構造づくりとフォロワーの不満と離職との間には有意な相関はなかった[9]。他方、低配慮のリーダーの場合は、構造づくりとフォロワーの不満と離職との間には正で有意な相関が発見されている。

これらの現象を説明するために、ハウス (1971) はタスク特性という条件変数を導入する。リーダーの構造づくりと配慮とは、タスクがフォロワーに与える満足とタスク役割の明確性とを条件として異なる効果をもつからである。タスクが相互依存的で曖昧な場合、構造づくりは経路―目標関係を明確にする（P_1 と P_{2i} を高める）ことで、フォロワーのモチベーションを高めることができる。逆に、タスク不確実性が低いと、構造づくりは過剰な管理として、フォロワーからの不満を増加させるということになる。

タスクがフォロワーのストレスを引き起こす場合、配慮はフォロワーに社会的支持を与えて IV_b を高め、モチベーションを強くする。逆にタスク内的満足（IV_b）が高いと、配慮（IV_b）を高める効果が少なく、モチベーション効果も低くなるという。

ハウスは条件変数としてタスク特性のみを導入したが、さらにいくつかの

前提条件を指摘したり，条件変数を追加することにより精緻化をはかることができる．まず，リーダー行動がモチベーション効果をもつためには，フォロワーに受容されることが必須である．たとえば，リーダーがフォロワーに与えられる報酬を決める権限を有していれば，影響力の源泉としての報酬パワーをもっていることになる．これらのパワーを活用することで，仕事目標にかかわる内的誘意性を自律的に高めさせることができる．このように条件変数を特定化することにより，理論の精緻化を進めることができるが，その場合，理論の複雑化と反証不可能とを避けることが要請されよう．

実証研究のいくつかは，ハウスの仮説を支持しないものもあるが，配慮についてはほぼ支持されている．しかしながら，従来用いられてきた測定用具の中で，妥当性・信頼性が許容可能な水準に達しているのが少ない，という点には注意が必要であろう．

9.7 ネットワークリーダーシップ

(1) 組織変革のリーダーシップへ

変革を推し進めるリーダーシップとはいかなるものか．これまでのリーダーシップとはどのように違うのであろうか．1980年代に入って，オープンシステム観に立つ階層型の組織形態が硬直化し，リーダーシップのあり方も問題となった．ここに変革型リーダーシップの必要性が認められるのである．

コッター（1991）は従来型のリーダーシップと変革型のリーダーシップの対比を詳説した[10]．彼によれば，従来型のリーダーシップが，階層構造による計画と実行の分離を反映していたか，そして，変革を求められるリーダーシップが，いかに企業全体でビジョンや方向性を共有することに向かっていたかを明らかにした．彼は，リーダーシップを捉える4つの特徴を明示することで，従来型と変革型のリーダーシップを対比した．4つの特徴とは，①進むべき方向について目標を達成するための人的配置，②進むべき方向，③達成に向けての実行，④達成する成果についてである．

コッターが多くの事例調査や質問調査を実施した結果，従来型のリーダーシップの特徴とは概ね次のようなことであった．進むべき方向は，立案された計画と設定された予算の実行であり，目標達成に必要な人的配置は，計画と予算の実行に必要な責任と権限の割付けであった．そして，達成に向けての実行で必要となるのは，実績を評価し，管理することである．このようなリーダーシップにおける成果とは，計画されたことを達成する能力と確実性であり，それを達成する組織の秩序であった．

他方，変革型のリーダーシップにおいてなされていたことは，次のようなことであった．まず，進むべき方向としてリーダーが設定したのは計画や予算ではなく，変革によって企業はどこに行くべきかという明確なビジョンであった．変革へ向けてなす人の配置は，そのビジョンの方向へ協力を求め，意欲を高めることであり，決して権限と責任の割付ではなかった．変革への実行としてなされたのは，意欲を整列できた人々のモチベーションを高め，昂揚させることであった．これも従来型においてみられた実行の評価と管理とは次元を異にしている．そして達成する評価こそ，まさに大きな変革であって，整然と立案された計画の達成ではなかった．ビジョンを設定し，組織の実現に向けて人々の努力を結集させてゆくとき，整然とした事前の計画以上のより良い成果が得られる．このことこそが，われわれが求める成果であり，組織発展のための変革なのである．

(2) 認知理論に基づく組織変革型リーダーシップ

変革型リーダーシップのもうひとつの代表的研究にティシーとディバナ（1988）の考察がある．彼らの研究によると，欧米企業約20社の組織変革を調査し，リーダーたちの行動や考え方を分析した．結果として，組織メンバーのもっていた組織についての認知の仕方が，次の3つのステップで変革されていたことを発見した．

第1ステップは，組織変革が必要であるという必要性の認知をメンバー間

に形成していった．第2ステップは，各メンバーが現状組織を分析することで，変革の必要性を具現化できる新しいビジョンを彼らが形成できるように働きかけることであった．その意欲は，メンバーの主体性を支援し，同じ方向へ向かっている仲間であるという意識の形成を結果として生じさせた．第3ステップは，新しいビジョンによる組織の構造づくり，活動方針を導入し，それを制度化することであった．新しい組織のあり方をメンバーが相互に認識することをめざしたのである．

リーダーは，組織変革を進めようとしたとき，組織の努力の焦点をメンバーのもつ組織に関する認知の変更に向けたのである．すなわち，メンバーは従来どおりの仕事の仕方をし，それを相互に認知することで従来の組織（組織文化）のあり方を認識していたのである．リーダーは，メンバーの従来型の組織のありように，違ったビジョンから働きかけたのである．これにより，彼らは新しい組織のビジョンを創造していった．この研究は，これまであまり扱われなかった人間の認知のメカニズムを明らかにし，リーダーシップ研究の新分野を切開くものであった．すなわち，ポリエージェント・システムとしての組織をあつかうリーダーシップのあり方に，大きな知見を与えるものであった．それぞれのエージェントは，環境について認知的な内部モデルをもっているものであり，組織の相互参照によってポリエージェント・システムとしての動きが形成される．これに働きかけるネットワークリーダーシップは，ティシーとディバナの主張と同じように，メンバー間の認知機構に働きかけるリーダーシップでなければならない．

(3) 動機づけによるエスカレーション現象

ポリエージェント（複雑多主体）システムとして，ネットワーク状に企業組織を編成すると，エージェントである人や要素組織は，システム全体の動きの構図を内部モデル化してもつであろう．そして，内部モデルの共有化の進展において，エージェントたちは努力のベクトルを共振させ，熱烈なエス

カレーションとでも呼べるようなエネルギーを得て仕事に邁進する．これがエスカレーション現象である．

この現象を動機づけ理論の観点から考察すると，2つの側面がそこにある．第1は，ネットワーク的につながったエージェント同志でシステム全体の構図がどうであるかのコミュニケーションを頻繁に行うことである．そして，エージェントは自分の行動の全体における位置づけと評価を認知して内部モデルを構築する．第2に，そのようにしてもった内部モデルにしたがって行動をとると成功に結びつくのであり，効力感や充実感を感じるという経験をもつことである．

エスカレーション現象の説明のためには，人間の動機づけは，この2つの側面を同時にもつものであるということが理論づけられればよい．人間は環境とのやり取りにおいて，自分の行動が社会的にどのように評価されているのかを知ることで自分の内部に一種のモデルを構築する．それは，無意識ながらどのような行動をとると，どのように評価されるかという因果のモデルである．このモデル構築において，言語という認知のシンボルが多用される．同時に，そのモデルの形成を促すのは，モデルにしたがって行動した結果，期待どおりに社会的な成果を上げ，自己の効力感（self-efficacy）を向上できたという心理的感覚である．

人間の動機づけは，内的要因と外的要因の両者の同時的な働きによるという指摘は，現実的で妥当する事柄である．むしろ重要なことは，社会環境における人間の動機づけにとって，言語によるコミュニケーションがきわめて重要な位置を占めていることの指摘であろう．1980年代に入ってから言語認知の研究が急速に進展したからこそ，内的要因と外的要因の統合による動機づけ理論の構築が可能になったといえよう．

社会システムが「点と系」からなるネットワーク構造を示すようになり，頻繁に自己組織的変化を呈するようになると，そこで活動する企業もネットワーク組織をもたなくてはならなくなる．なぜなら，市場の自己組織的動き

に対応できる迅速で革新的なビジネス行動は，組織内に自己組織性を内包することで発生させられるからである．すなわち，理屈で予測してもあたらない現象が社会に生じるのだから，過去の実績や経験にとらわれず，新しく出てきた動きに対応する創造的な組織行動が求められるのである．

9.8 リーダーシップ・エンジンによる組織の競争優位性の確保

リーダーシップ論は集団レベルから組織レベルの議論へとのその適用範囲を広げ幅広く展開されてきたが，組織のコントロールという観点からいえば，組織レベルのトップ・リーダーシップのあり方が問題となる．組織におけるトップ・リーダーシップの問題は，制度的リーダーシップ論をはじめとしていろいろな観点からなされてきたが，近年は組織変革に関わる変革型リーダーシップ論として展開されているのが実状である．

そもそも一般的にリーダーといわれる者は，1人以上の人々がある特定のことをするようにやる気をおこさせる人である．そのため組織のリーダーに求められるのは，組織メンバーに目標達成が好ましいことであることを理解させ，その達成方法を教えることである．したがって，リーダーシップの基本は，他者の考え方，枠組みを変革するリーダーの能力にある（Bennis and Nanus, 1985）．環境が激変する中で，変革型リーダーシップが求められるのは当然である．しかしながら，単に変革型リーダーシップが行使されるだけでは，今日の環境状況において，成功を持続させることは容易でない．成功するには，組織にそれをどのように活かし，どのように持続させるかを理解させることが必要であり，それが組織の競争優位の基盤となる．

ビジネスの世界をみると，そこには歴然とした成功と失敗があるが，その違いはどこから出てくるのであろうか．トヨタと日産の違い，ソニーと日立の違いはどこにあるのだろうか．GEはどのように業績を持続的に高めてきたのだろうか．卓越した業績を持続的に生み出すためのコア・コンピタンス

として，トップ・リーダーシップの役割が改めて注目され始めているのである．

リーダーシップが組織文化や効率的な業務プロセスよりも重要とされる理由は，リーダーが何をすべきかを決定し，しかも，そうしたことをおこすその人であるからである．また，組織文化を創り，経営手法を選択考慮するのはリーダーその人だからである．こうした観点から，組織の各層におけるリーダーシップの活用とその育成をはかる「リーダーシップ・エンジン」というコンセプトが注目を集めている．これは，組織において競争優位性確保につながる新たな観点の指摘であり，実践的な色彩の強い発想である．しかも，組織の諸問題の解決がその人間に依存するという点では，昨日主義的分析ではない解釈主義的分析の可能性を示唆する動向に沿ったものである．

「リーダーシップ・エンジン」とは，組織において次つぎとリーダーを育成していく組織のメカニズムをさすものである．リーダーシップ・エンジンがあって始めて，企業組織は持続可能な成長・発展が可能になるという主張は，持続性に着目した発想であり，そのポイントは以下のような観点で整理ができる．

1．企業組織の持続的な発展の鍵を握るのはリーダーシップである．
2．持続的にマーケットで勝利し続ける企業組織は，トップ・リーダーシップが優れているからではなく，組織の各層にリーダーがいるからである．
3．勝利し続ける企業組織は，組織の各層にリーダーを生み出すべく体系的な取り組みを行っている．
4．勝利し続ける企業組織では，企業トップ自身が次世代のリーダー育成・教育に深くコミットしている．
5．リーダーの最高の教育手段とは教育的見地を含んだエピソードである．

リーダーシップ・エンジンに含まれるリーダーシップこそ，経営の鍵を握るものだという発想は，真新しいものではないが，成功するリーダーシップの耐えざる探求という点では単なる過去の成功の継承ではなく，未来を切り開くというまさに未来志向の発想である．これは，「成功は失敗の始まり」という良くある実例に対する対応策を示唆しているものである．しかも理想とするリーダーを育てるリーダーは，アイデア，価値観，Eの3乗，「つまり感受性豊かな（Emotional），エネルギー（Energy）とエッジ（Edge：大胆な意思決定力）と呼ぶ」という3つの分野で独自の教育的見地をもつものである．この点は一般化という点では問題がないとはいえないところではある．

　リーダーシップ・エンジンとは別の観点からだが，組織の成功と失敗を分ける鍵として同じくリーダーシップの重要性を明らかにしているのが，「複雑適用系リーダーシップ論」である．河合はトップとミドル変革へのリーダーシップの分担とリンケージという視点から，変革へのリーダーシップ・モデルを体系的に展開し，しかも近年注目されつつある複雑系パラダイムをベースに，リーダーシップ論のダイナミックモデルを構築しようとしている．

　従来のリーダーシップ論では，トップ・リーダーシップが対象だとそれだけを問題とし，その他の組織における関わりはことごとく無視されてきた．これは，職場レベルのリーダーシップ論にもあてはまることである．

　いずれにせよ，成功する組織のコントロール・メカニズムにおいて，組織各層のリーダーシップの働きが大きな影響を及ぼしているのであり，それが，持続性の観点からいって，良い方向に展開されるメカニズムの示唆は，組織の将来にとって明るい展望もありうることを意味している．組織が将来も持続的に存続してゆくには，今まで余り注目されてこなかったリーダーシップの問題を避けては通れないのである．

　組織の内部コントロール論は，トップ・リーダーシップとメンバーのモチベーションが仕事を通して組織の中で何らかの成果を生み出す仕組みとして

理解しようとする枠組みである．良きリーダーに恵まれたメンバーは幸いである．組織を通して成果を継続的に生み出すということは，人に対する認識をどのよう捉えるかによって決まる．上下の差はあっても人間として共々に成長してゆこうという意欲があれば，個人も組織も困難を乗り越え成長してゆける．人間を中心に考えるといかに個々人の動機づけを行うかはリーダーシップの問題であり，動機づけの問題を組織論的に成果との関係で解明しようとすることがモチベーション論の課題である．そういう意味から，モチベーション論とリーダーシップ論は，実はコインの表裏の関係に喩えられよう．

注)
1) 大月博司 (1998)．「組織の戦略コントロール論」『北海学園大学経済論集』46 (3)，35-46ページを参考とした．
2) 二村敏子編『組織の中の人間行動——組織行動論の極め』有斐閣，1982年，5ページ
3) モチベーション理論の整理については，坂下 (1985)，二村編 (1982)，大月 (1997) におっている．
4) 二村敏子編，前掲書，52-53ページ
5) McGregor, D. M. (1960), *The Human Side of Enterprise*. New York: McGraw-Hill.（高橋達男訳『新版 企業の人間的側面』産業能率短期大学出版部，1970年 38-39ページ，54-55ページ）
6) 内的動機づけ理論が重要になるのには，効力感を感じたり，感じなかったりすることが，人間の脳内の神経物質（特にエンドルフィン）の分泌の多寡と関係があることが発見されているからである．エンドルフィンは，覚せい剤やモルヒネに似た化学構造を持つ神経伝達物質であり，脳内でそれが分泌されると爽快感や昂揚感をもたらす．この場合，メンバーが能力を発揮し，組織に貢献していることが実感できれば，そのことが脳内にエンドルフィンを分泌させ，その結果として気分の昂揚をますます感じるという好循環をもたらす．
7) Vroom, V. H., *Work and Motivation*, John Wiley & Sons, 1964.（坂下昭宣他訳『仕事とモチベーション』千倉書房，1982年，18ページ）
8) 前掲訳書，20ページ．
9) Fleishman, E. A. and Harris, F. A., "Patterns of Leadership Behavior

Related to Employee Grievances and Turnover", *Personnel Psychology*, 15, 1962, pp. 43-56.
10) 高木 (1995) の解説により,コッターの研究をまとめた.コッターはリーダーシップの2つの型を対比するとき「マネジメント」と「リーダーシップ」という用語をもちいた.本書では,リーダーシップとしての対比をわかりやすくするために「従来型」「変革型」という用語をもちいた.

◆参考文献

Adams, J. S., "Inequity in Social Exchange in Steers", R. M. & L. W. Porter, *Motivation and Work Behavior* (2nd ed.), McGraw-Hill., 1979.

Alderfer, Clayton P., *Existence, Relatedness, and Growth : Human Needs in Organizational Settings*, Free Press, 1972.

Bennis, Warren and Nanus, Burt, *Leaders : Strategies for Taking Charge*, First Harper Business, 1985.

Blake, R. R. and Mouton, J. S., *Corporate Excellence through Grid Organization Development*, Gulf Publishing, 1968.

Campbell, J. P., et al., *Managerial Behavior, Performance and Effectiveness*, McGraw-Hill, 1970, p. 341.

Fiedler, F. E., *A Theory of Leadership Effectiveness*, McGraw-Hill, 1967. (山田雄一監訳『新しい管理者像の探求』産業能率大学出版部,1970年)

二村敏子編『組織の中の人間行動―組織行動論のすすめ』有斐閣,1982年

Graen, G. and Schiemann, W. "Leader-Member Agreement : A Vertical dyad Linkage Approach", *Journal of Applied Psychology,* 63, 1978, pp. 206-212.

Herzberg, F., *Work and the Nature of Man*, World Publishing, 1966. (北野利信訳『仕事と人間性』東洋経済新報社,1971年)

House, R. J., "A Path-Goal Theory of Leader Effectiveness", *Administrative Science Quarterly*, 16, 1971. pp. 322-323.

Hull, C. L., *Principles of Behavior*, Appleton-Century, 1943. (能見義博・岡本栄一訳『行動の原理』誠信書房,1960年)

石井淳蔵・奥村昭博・加護野忠男・野中郁次郎『経営戦略論【新版】』有斐閣,1996年

犬塚正智・大月博司・中條秀治・玉井健一『戦略組織論の構想』同文舘,1999年

コッター,J. P. 著『変革するリーダーシップ―競争勝利の推進者たち―』ダイヤモンド社,1991年

Lawler III, E. E., *Pay and Organization Effectiveness : A Psychological View*, McGraw-Hill, 1971. (安藤端夫『給与と組織効率』ダイヤモンド社,1972年)

Lewin, K., "Frontiers in Group Dynamics : Concept, Method, and Reality in

Social Science", *Human Relations,* 1, 1941, pp. 5-41.
Litwin, G. H. and R.A. Stringer, Jr., *Motivation and Organizational Climate.* Boston, Harvard University Press, 1968.
Maslow, A. H., *Motivation and Personality,* Harper & Row, 1954.（小口忠彦監訳『人間性の心理学』産業能率大学出版部，1970年）
Murray, H. A. *Exploration in Personality : A Clinical and Experimental Study of Fifty Men of College Age,* 1938.
Ryan, R. M., & Deci, E. L., "When Paradigms Clash : Comments on Cameron and Pierce's Claim that Rewards Do Not Undermine Intrinsic Motivation," *Review of Educational Research,* 1996.
大月博司（1997年），「組織研究におけるパラダイム・コンセンサスをめぐる論争について」『北海学園大学経済論集』45（2）：1-18.
大月博司『組織変革とパラドックス』同文舘，1999年
坂下明宣『組織行動研究』白桃書房，1985年
坂下明宣『経営学への招待』白桃書房，1992年
Schiemann, W. A., & Graen, G. B., "Structural and Interpersonal Effects in Patterns of Managerial Communication," *Department of Management, University of Cincinnati,* 1978.
Selznick, P., *Leadership in Administration,* Harper & Row, 1957.（北野利信訳『組織とリーダーシップ』ダイヤモンド社）
ティシー，N.M. & ディバナ，M.A. 著『現状変革型リーダー——変化・イノベーション・企業家精神への挑戦』ダイヤモンド社，1988年
高木晴夫「日本型カンパニー制の成功条件」『Diamond ハーバード・ビジネス』4-5月号，1996年，18-26ページ
高木晴夫・木嶋恭一・出口 弘監修『ネットワークリーダーシップ』日科技連出版社，1995年
高柳暁編著『現代経営管理論——組織論的アプローチ』同文舘，1983年，63-79ページ
Ulrich, H. and Probst, G. J. B., *Self-Organization and Management of Social Systems,* Springer-Verlag, 1984.
Van de Van, A. H., "Book Review : In Search of Excellence", *Administrative Science quarterly,* December, 1983, pp. 621-624.
Weiner, B., *An Attributional Theory of Motivation and Emotion.* New York : Springer-Verlag, 1986.

第 10 章

情報ネットワーク化と経営戦略

　1995年の「Windows95」発売をきっかけにパソコンが普及し，その後，インターネットも急速に一般化している．それに伴い，企業環境も劇的に変化しており，経営戦略における情報技術の重要性も増大してきている．
　こうした変化は，一方で新興企業の急成長を促進し，他方で衰退する企業を生み出している．たとえば，アメリカではMicrosoftやIntel，Dell，Yahoo，googleなどが急成長し，日本でも楽天などのベンチャー企業が躍進している．他方でDECやNEC，富士通などのメインフレーム系を得意としてきた従来の大企業は衰退し，IBMはハード主体からソフト，サービス主体へと大きく業務内容を変化させることで生き残っている．
　すべては高度情報ネットワーク化社会の到来に際し，効果的な経営戦略を立案，遂行し，新たな競争優位を確立できたか否かに依存している．本章では，情報ネットワーク化と経営戦略の変化について，市場の変化，それに伴って生まれつつある新しい事業と戦略，そしてそれらの将来像について述べていく．

10.1　高度情報ネットワーク化社会とITビジネス

　現代は情報通信技術（Information Communication Technology：ICT，以下IT）の普及による高度情報ネットワーク化社会へと移行しつつあり，企業はそうした変化に即した経営戦略が必要とされている．ここでは，高度情報ネットワーク化社会について定義し，現在に至るまでの社会的変化，そして，それに伴うITビジネスの変遷と展望について述べていくことにする．

(1) 高度情報ネットワーク化社会の到来

　高度情報ネットワーク化社会とは，高度情報化社会とネットワーク化社会という2つの概念から構成されている．後者の概念は古くから存在する．

　「ネットワーク」の意味を辞書で調べてみると「網状組織」のことであり，具体的には，「① 複数のコンピューターを結び，データなどを共有し，情報処理の効率を図るシステム，② 個々の人のつながり．特に，情報の交換を行うグループ[1]」などとなっている．すなわち，個々の要素が結合され，相互作用している状態である．したがって，ネットワーク化社会とは，個人や組織が構成要素となり，これらが相互に結びついている社会であると定義できる．この概念が近年のITの進化により劇的に変化している．

　なぜならばネットワークを構成するための個々の要素を結びつける経路が，ITによって多様となり，その結果，従来のネットワーク化社会とは質，規模，範囲の面で大きく異なったものとなってきているからである．従来，意思伝達手段は手紙や電話，FAXなどであったが，インターネットの出現によって時間的，空間的制約が大幅に改善された．また，インターネット上において，現実世界と同等レベルの仮想現実世界のコミュニティが形成されつつある．現代は，ITが密接に関連したネットワーク化社会であるといえよう．

　もう1つの高度情報化社会とは，辞書によると「物や資本などにかわって知識や情報に価値が置かれ，情報の生産・収集・伝達・処理を中心として社会・経済が発展していく社会[2]」とされている．ドラッカーは資本に代わって知識が唯一の資源となると述べ[3]，トフラーは情報通信技術の発展による情報，知識の重要性の増大を第三の波と呼んで，産業革命以来の変革が起こると予測した[4]．

　これらの変革を中心的に支えるのがコンピュータのダウンサイジングとインターネットである．コンピュータのダウンサイジングは，これまで中央集

権型であった情報や知識のあり方を分散型に変化させた．単に分散されただけでなく，インターネットによって多様な相互作用が可能となり，その結果，より大きな価値を生み出すことが可能となっている．

1990年代後半からインターネットは全世界を連結し，時間的，空間的制約を改善した．現在，ブロードバンド化によってより多様で豊富な知識や情報を共有することが可能となり，その傾向は促進されつつある

以上のことを総合すると，高度情報ネットワーク化社会とは，多様な個人，組織が，ITを高度に利用してさまざまなネットワークを構築し，多様な情報や知識を伝達，共有し，また新しい知識を創造する社会と定義することができる．

この高度情報ネットワーク化社会が企業経営へ与える影響は大きい．稲葉(2004)は，情報ネットワークが普及した結果による経営活動への影響を，① 情報活動における距離空間の克服，② 情報活動における速度限界の克服，③ 情報の広範な同時共有，④ 組織編成，組織間編成の新展開，⑤ 情報受信者の双方向化，⑥ 情報ネットワーク基盤経営の成立の6点にまとめている[5]．これらの変化を生かして成長しているのがITビジネスである．

(2) ITビジネスの変遷

ITビジネスとは今日では，一般的にはパソコンとインターネット関連のビジネスと思われがちであるが，その本質は，ITを活用し，従来では不可能であった効率や効果を達成することで利益を創出する点にある．たとえば，アマゾン・ドット・コムは形態こそ図書を中心とする小売業であるが，インターネットを利用することで，時間的，空間的な制約を克服し，急成長した．

しかしながら，初期のITビジネスは，多様な経営情報システムの構築が主流であった．IBMやDECなどがその代表的企業であり，それぞれ自社製品で固めたクローズド・システムを提供していた．

その後，1990年代以降のITの高度化によって，IT自体を競争優位とするビジネスが登場した．たとえば，インターネット・サービス・プロバイダやポータルサイト運営会社，E-Commerce企業などがそれにあたる．

しかし，よく観察すると，これらビジネスは，既存ビジネスとITを融合させて新しい展開を行っていることに気づく．先に述べたアマゾン・ドット・コムもそうであるし，また，ITビジネスの旗手と目されるヤフーも，収益構造はバナー広告に依存する割合が大きく，その点においては従来型のメディア産業と変わるところはない．

(3) 今後のITビジネス戦略

では，今後のITビジネスの行方はどうなるのであろうか．1つの方向性として，効率性の追求に加え，新しい価値の創造がより重要となる．

効率性の追求とは先に述べたように，情報の流れをITに置き換えることによって実現する．今後はブロードバンド化，ユビキタス化が進展するにつれて，流通する情報が，質・量ともに増大する．アウト・ソーシング化が進み，サプライ・チェーン・マネジメント（Supply Chain Management，以下SCM）の構築とあいまって，後に述べるようにモジュール化が進展する産業もあろう．

もう1つの新しい価値の創造とは何を意味するのか．高度情報ネットワーク化社会における価値とは知識とその創造である．高度情報ネットワーク化社会においては，多様な情報や知識が共有されるが，それらを基に，新たな知識を創造していくことが重要となる．知識は，暗黙知と形式知に分類され，形式知の相互作用によって新しい知識が創造されるが，ITはこのメカニズムを促進する．なぜならば，ITが高度化するにしたがって，共有できる情報や知識の量，質ともに増大するからである．その結果，より多様な相互作用が可能となり，新しい知識の創造が促進される．たとえば，従来は不可能であった遠隔地にある企業同士のコラボレーションも，インターネッ

ト，テレビ会議システムなどの整備により可能性が大きくなるであろう．

あるいは，ITを駆使して従来とは異なる新しい市場を創造することも可能となろう．たとえば，従来であれば採算的に成り立たないために再販されることが稀な本が，全国あるいは全世界からインターネット上で依頼を募集することで採算ベースに乗り，復刻されるという事業が始まっている[6]．これはインターネットによって空間的制約を克服し，分散した顧客をネット上で束ねることで新しい市場を創造した事例である．

また，ヴァーチャル・ネットワークとリアル世界のより密接な連携も進展するであろう．たとえば，ネット書店とコンビニエンスストアの提携などは今後，拡大が進むであろう．また，ブロードバンド化がさらに進展すれば自宅にいながらにして名画の鑑賞が楽しめるヴァーチャル美術館や遠隔地医療の実現可能性が高まる．ユビキタス社会が実現すれば，たとえば，ウェアラブル・コンピュータの活用による大自然の中での野外教室などさまざまな可能性が広がる．

さらには，ITの環境化を実現することが重要となるであろう．すなわち，ヴァーチャルなのかリアルなのかを感じさせずに，より充実したサービスを提供するということである．たとえば，今後，高齢化社会が進展することが予測されるが，高齢者が使いやすいハード，あるいはソフトとなれば，むずかしい操作や高度な知識を必要としないITを駆使したサービスを提供する必要がある．必要なサービスを提供できるのであれば，ITを活用しているか否かは関係ないわけであり，その意味では，今後，情報通信産業という意味でのITビジネスは残るが，広義のITビジネスとは実質的に意味を成さなくなるともいえるのである．

10.2 デジタル化経営とモジュール化戦略

経営とコンピュータおよび情報通信システムおよびネットワークとは古くから密接に関係しており，経営のデジタル化の進展と関連している．今後の

高度情報ネットワーク化時代においては，経営のデジタル化はますます進展するであろう．こうした時代における有効な戦略としてモジュール化戦略がクローズアップされている．ここでは，経営のデジタル化への変遷とモジュール化戦略について検討していく．

(1) 高度情報ネットワーク化社会における経営の変化

経営のデジタル化とは何を意味するのであろうか．それは，単なる経営とコンピュータとの密接なリンクということではない．経営において扱われる情報や知識の変換を意味している．

経営における情報や知識は基本的にはアナログ情報，すなわち，曖昧にしか表現できない暗黙的知識の領域が大きい．しかし，これを可能な限り，形式知，すなわち言語や数値に置き換え，また分割，分類し，共有するということが経営のデジタル化なのである．暗黙知の保持や伝達，共有には人と人とが直接会い，話すという相互作用が重要となる．しかし，形式知に関しては，コンピュータやその他情報通信技術が大きく貢献する．また，暗黙知に関しても，現在ではコンピュータや情報通信技術によって，飛躍的に相互作用の幅が広がっている．経営のデジタル化とはこうした一連の流れを意味するのであり，ITの導入とは不可分であるというのはそのためである．

たとえば，花王は経営のデジタル化を積極的に推進することで，長期にわたる日本経済の不況期にも好調を維持し続けている[7]．その特徴は，販社を軸としたSCMと消費者対応のためのエコーシステムの2つである．

花王は1970年代には事業所間および販社間のネットワークを整備している．特に1979年以降は，全国128の販社をオンライン化し，無在庫システムを構築した．また，1980年には流通チェーン，小売店とのネットワークを整備し，現在では千数百社とオンラインでつながっている．これらシステムを統括するのが花王販売株式会社であり，花王のSCMのカギを握っている．この花王のSCMの目的は，需要を予測し，在庫を限りなくゼロに近づける

と同時に欠品もなくすことである．そのために，需要予測システム，取引データを蓄積するデータウェアハウス，さらに製造や物流部門ともつながるイントラネットなどが整備されている．

もう1つの核であるエコーシステムも歴史は古く，1978年に消費者苦情対応システムとして導入されている．基本的な考え方は，消費者からの苦情や相談を全社で共有，分析することで，苦情対応を向上させ，同時に新製品・新サービスを支援するというものである．相談情報をデータベース化し，イントラネットによって共有する仕組みは，システムの構成は変化しているが，1978年当初から変わっていない．現在では，インターネットとの連携を深め，ホームページ上での消費者に対する情報の受発信機能を強化している．

(2) モジュール化戦略の推進

こうした経営のデジタル化が進展すると，モジュール化戦略が容易になる．モジュールについての定義は青木（2002）によると次のようになる．すなわち，「『モジュール』とは，半自律的なサブシステムであって，他の同様なサブシステムと一定のルールに基づいて互いに連結することにより，より複雑なシステムまたはプロセスを構成するものである．そして，一つの複雑なシステムまたはプロセスを一定の連結ルールに基づいて，独立に設計されうる半自律的なサブシステムに分解することを『モジュール化』，ある（連結）ルールの下で独立に設計されうるサブシステム（モジュール）を統合して，複雑なシステムまたはプロセスを構成することを『モジュラリティ』という」[8]（図表10-1）．

このような概念を戦略レベルで展開するのが，モジュール化戦略である．モジュール化は変化の早い環境に対応するために適した戦略である．なぜならば，モジュール単位での対応が可能となるからである．

モジュール化戦略のレベルは，組織，製品，プロセスのモジュール化と3

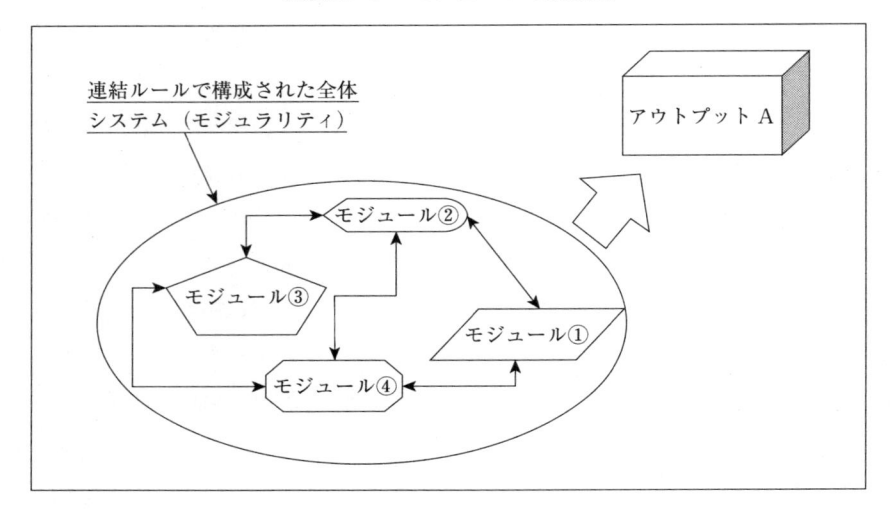

図表10-1　モジュールの概念図

```
連結ルールで構成された全体
システム（モジュラリティ）
         ↓
    ┌─────────────────────┐        アウトプットA
    │   モジュール②       │  ⇒
    │  ↗ ↘               │
    │ モジュール③  モジュール①│
    │  ↘ ↙               │
    │   モジュール④       │
    └─────────────────────┘
```

出所）筆者作成

種類に分類される．第1の組織のモジュール化とは，統一されたビジョンや規律にしたがって，ある組織がさまざまな下位組織すなわちモジュールに分割されることである．それらは独立したタスク，たとえば営業や製造，経理などを専門的に分担しつつ，全体として利益を追求するシステムとなっている．

第2に製品のモジュール化であるが，これは自動車やパソコンが代表的である．これらは統一されたアーキテクチャの下，さまざまな企業が細かく分かれた部品を製造し，最終的に組み立てるシステムになっている．たとえば，IBM互換パソコンは，CPU，OS，などがそれぞれ規格統一され，どの企業が製造したものであっても組み合わせが可能となっている．この結果，それぞれに特化した先進的企業が競争を繰り広げることになり，イノベーションが促進されることとなった．

第3がプロセスのモジュール化である．これは企業内プロセスと産業全体

のプロセスとに分類される．企業内プロセスのモジュール化とは，企業内の仕事のプロセスを分割し専門化された組織によって分担させる．もちろん，全体としての統一が重要であることはもちろんである．

産業全体のプロセスのモジュール化とは，主に産業内における垂直分業や水平分業を意味している．たとえば，産業の川上から川下までのプロセスを統括し，最適な在庫管理を行う SCM は，産業全体のプロセスのモジュール化を前提に設計されている．なぜならば，統一されたインターフェースがなければ情報の流通がスムーズに行われないからである．あるいは，産業全体のプロセスのモジュール化によって，プロセスごとに多様な企業が競争する環境が形成され，その結果，イノベーションが促進される．シリコン・バレーがその典型例である．

つづいて，IT とモジュール化の関係であるが，IT はモジュール間のコミュニケーションの質と量を促進させる役割を果たす．

モジュール化戦略を成功させるには，見える情報と隠された情報という2種類の情報が必要とされる[9]．見える情報とは，関係するモジュールの活動に影響を与えるシステム環境に関する情報であり，隠された情報とは個別のモジュールの活動に固有の情報である．見える情報はなるべく多くのモジュールによって共有される必要がある．経営のデジタル化によってモジュール間の情報共有の質と量が向上する．すなわち，経営のデジタル化とモジュール化は不可分の関係にあるといえる．

先にみた花王では，個々のシステムあるいは参加企業は基本的に自律的に運用されている．しかしながら，統一的なインターフェースを構築し，それに基づいて運用することで，より大きな価値を生み出すことに成功している[10]．

その他にも，デジタル化とモジュール化によって多様な企業間コラボレーションが容易になる．SCM はプロセスをモジュール化し，各モジュール間を統一されたルールに基づいた IT で密接に連携させることで可能となる．

また，ブロードバンド化によって，モジュール間で相互作用される情報や知識が量・質ともに増大し，それは企業間コラボレーションの質を向上させることになるであろう．

(3) モジュール化戦略の限界

同時にモジュール化の限界も認識する必要がある．製品や産業は，モジュール化に適したモジュール型と，それに適さないインテグラル型に分類される[11]．モジュール型が全体としての統一ルールを厳格に設定することで独立性の高い下位システムに分割可能とするのに対し，インテグラル型は統一ルールを固定せずに，下位システム間での擦り合わせを重要視する．微調整が必要不可欠な高度技術の結集された製品などにはインテグラル型が有効であり，モジュール型は向いていない．また，組織レベルにおいてもモジュール型による水平分業，垂直分業が進展する一方で，シャープは液晶パネル製造においては完全に囲い込むなどインテグラル型，あるいはクローズド型のモジュール化にシフトするなど，一律にモジュール化戦略を適用できないことに留意すべきであろう．

10.3 電子商取引と競争優位

企業間および企業対消費者間の電子商取引（Electric Commerce，以下EC）は，ブロードバンドの普及に伴いさまざまな可能性を広げながら急速に発展している．他方で，2000年前後のITバブルを経て，生存競争の勝者と敗者の差が鮮明にもなりつつある．ここからはECと企業の競争優位の関係について検討する．

(1) ECの変遷

インターネットの普及により個人にも普及し始めたECには多様な形態が存在する．インターネット普及以前は，特定の企業間を専用回線やVAN

図表10-2　日本国内における電子商取引の現状

		2002年	2003年
国内市場規模	(BtoB)	46.3兆円	77.4兆円
	(BtoC)	2.7兆円	4.4兆円
年間成長率	(BtoB)	約36%	約67%
	(BtoC)	約81%	約65%
電子商取引化率	(BtoB)	6.99%	11.24%
	(BtoC)	1.02%	1.56%

出所）経済産業省・ECOM共同調査「平成15年度電子商取引に関する市場規模・実態調査」2004年

（Value Added Network，付加価値通信網）やWAN（Wide Area Network）で接続し，取引が行われていた．そこで，本章ではECを「オンライン・ネットワーク上で行われる財・サービスの売買行為」と定義する．

その形態は大きく企業間取引（BtoB：Business to Business），企業対消費者間取引（BtoC：Business to Consumer）の2種類に分類される．ECは当初，BtoB市場を中心に発達したが，インターネットの普及とともにBtoC市場が拡大し，今後は特に成長が予測されている．

実際に市場の変化をみてみよう（図表10-2）．一般的にITバブルは2000年に崩壊したとされている．しかしながら，EC市場はこの表にみるように，2000年以降も順調に拡大している．まず，BtoB市場であるが，2003年の日本国内市場は77.4兆円で成長率は約67%．2002年の成長率を上回っている．また，もう1つの重要な市場であるBtoC市場は，2003年時点で4.4兆円であり，BtoB市場の約6%に過ぎないが，成長率は約65%と順調に成長している．

また，それぞれの市場のEC市場化率に関しては，BtoC市場で1.56%であり，BtoB市場で11.24%である．これは，今後，ECのさらなる拡大が予測されることを示している．

それに伴い既存事業のEC化のみならず，ラディカルなイノベーションの機会も登場することが予測される．

(2) ECの競争優位へ与える影響

では，ECによる企業の競争優位への影響はいかなるものであろうか．高度情報ネットワーク化社会における価値は知識とその創造，すなわちイノベーションの創造であり，企業の競争優位の源泉である．EC化によって，イノベーションの創造を促進することは可能であろうか．

イノベーションは，より革新的な新製品の開発などのラディカル・イノベーションと，より漸進的な工程改善などのインクリメンタル・イノベーションに分類することができる．EC化による影響が最も大きいのはインクリメンタルなプロセス・イノベーションである．なぜならば，EC化により，産業の上流から下流への物流プロセスと情報流プロセスにおける時間的・空間的な制約が大幅に削減され，効率的になるからである．

たとえば，先に述べたBtoC市場は最もわかりやすい例であろう．実際に店舗を構えることなく，ネットワーク上にホームページで店舗を展開し，家賃をはじめとする諸経費分のコストを削減することで，より低価格で製品・サービスを展開するBtoCは，出店の手軽さもあり爆発的に成長している．それらを統合して展開する楽天市場の成長がそれを証明している．

また，Dellは，ECとSCMを組み合わせることで，BTO (Built To Order) というビジネス・モデルを実現し，競争優位の源泉とすることに成功した．このビジネス・モデルでは，顧客がコンピュータのCPUのスペックやメモリの量，ディスプレイなど周辺機器の組み合わせを自由に選択することができ，同時に，ECとSCMを組み合わせることによって低価格かつ短期間に出荷することが可能となった．

BtoB市場においても，企業規模を問わずにインクリメンタルなイノベーションが創造されている．たとえば，自動車部品の市場をEC化することに

より，従来は少数企業間によるケイレツ取引が主流であったのが，空間的な制約も取り除かれ，理論的には全世界の部品供給業者間の競争が激化，部品単価が下落した．組立企業はより優れた部品をより低価格で購入することが可能となり，部品供給企業は，競争は激化するが，従来は取引がなかった企業への納入も可能となる．EC 化により，従来のケイレツ取引が崩壊し，新しい形態が誕生したのである[12]．

また，全国の中小企業が共同でホームページを開設し，受注先を開拓する試みも行われている[13]．この NC ネットワークは，全国の中小企業約1,400社が登録され，それぞれ得意とする技術が記載されている．顧客企業は，ホームページで検索した後に，メールで情報を交換し，可能であれば発注する．中小企業は営業力に欠ける場合が多いが，その欠点を補完するプロセス・イノベーションである．

(3) 電子商取引の展望

ここまで EC の現状をみてきたが，今後の展開はどのようになるのであろうか．1 つは，ブロードバンド化によるコンテンツの充実である．たとえば，現在でも，文字ベースであった EC が画像や写真を伴ったものになっている．これが，音声や映像を付加することが可能となり，より魅力的なプロモーションが可能となるのではないだろうか．従来から実現可能性が取り沙汰されているオンライン上でのオンデマンドによる映像配信ビジネスは，ブロードバンド時代にようやく本格的に実現すると思われる．

また，BtoB，BtoC だけでなく，消費者間取引 CtoC (Customer to Customer) も新たな動きとしてでてくるのではないか．インターネット上でのオークションやフリーマーケットはかなりの規模に成長している．ネット・オークションはアメリカでは e-Bay がドットコム企業の勝ち組となり，日本においてもヤフー・ジャパンが開設し，かなりの規模となっている．これらは個人の出店だけでなく，企業も利用可能となっていることから，単純に

CtoCと分類することはできないが，個人が従来以上に情報を発信し，市場を形成する傾向は拡大するであろう．

　他方で，ECの拡大傾向は，同時に従来予想し得なかった問題点も表面化する可能性がある．現在，最も大きな問題となっているのがセキュリティの問題である．日本のブロードバンド化を促進する上で大きな役割を果たしたソフトバンクにおいて，個人情報漏洩事件が起こったのは象徴的であるともいえる．

　顧客がEC化による恩恵を享受するためには，さまざまな個人情報を企業に提供する必要がある．インターネットは従来の専用回線と異なり，オープンなネットワークであるため，安全度が低いという欠点があり，ネットワークを介して情報が漏洩する危険がある．特に，決済時のクレジット・カード情報などは漏洩すると被害が大きくなる．

　こうした危険に対しては暗号化技術によって対応することが主流となっている．暗号化とは，送信する情報を途中で入手されても解読困難な状態に変換して送信する方法である．しかしながら，暗号化技術が高度化するにしたがってその解読技術も高度化するといういたちごっこの状態となっている．その他にも，フィッシング詐欺などの単純ながら暗号化などの対策を無力化する犯罪も横行している．

　また，ヤフーの事件にみられるように，従業員の持ち出しによる情報漏洩という危険性もある．ECを運営する企業は，大量の個人情報を蓄積している．それらデータベースはCD-ROMなどの一度に大量の情報の持ち運びが可能となる形態へと変化している．

　コンピュータ・ウイルスの問題も，すでに社会的問題として一般化しつつある．最近のウイルスは，単にコンピュータ内のソフトウェア破壊だけでなく，感染したコンピュータに補完されているメール・アドレスを検索し，自らのコピーを送りつけるタイプが多くなっている．その結果，感染したコンピュータの使用者が気づかないままに，個人情報や顧客情報が流出する可能

性もある．

　これらの問題は技術的な対応や企業倫理の問題として対処すると同時に，より一般的な社会問題として議論し，防止に努めていくことが必要とされるであろう．

注)
1) 『大辞泉』小学館，1998年．関連する意味のみを抜粋．
2) 同上書．
3) Drucker, P.F., *Post-Capitalist Society*, Harper Collins Publishers, Inc., 1993.（上田惇生・佐々木実智男・田代正美訳『ポスト資本主義社会』ダイヤモンド社，1993年）
4) Toffler, A., *The Third Wave*, Morrow, 1980.（徳岡孝夫訳『第三の波』中公文庫，1982年）
5) 稲葉元吉「序章　本書の課題と構成」稲葉元吉・貫隆夫・奥林康司編著『情報技術革新と経営学』中央経済社，2004年，6ページ．
6) 復刊ドットコム http://www.fukkan.com/
7) 貫隆夫「IT化の現状と課題―花王の情報システム」稲葉元吉・貫隆夫・奥林康司編著前掲書，13-19ページ．
8) 青木昌彦「産業アーキテクチャのモジュール化―理論的イントロダクション」青木昌彦・安藤晴彦編著『モジュール化―新しい産業アーキテクチャの本質』東洋経済新報社，2002年，5-6ページ．
9) 同上書，18-19ページ．
10) 花王のシステムの場合，当初からモジュール化を念頭に置いたものではない．しかし，グループ各社や外部の小売店などを含みつつ統合的にシステムを運用する思想はモジュール化であるといってよい．
11) 国領二郎「情報技術と経営のアーキテクチャ」稲葉元吉・貫隆夫・奥林康司編著前掲書，49-50ページ．
12) しかしながら，ケイレツ取引には，密接な関係による濃密なコミュニケーションから生まれる目にみえないメリットが存在する．この無形資産を同時に手放すことになり，現在では，完全なEC化ではなく，部分的に取り入れるモデルに落ち着いている．
13) NCネットワーク http://www.nc-net.or.jp/

◆参考文献
青木昌彦・安藤晴彦編著『モジュール化：新しい産業アーキテクチャの本質』東

洋経済新報社，2002年
Drucker, P.F., *Post-Capitalist Society*, Harper Collins Publishers, Inc., 1993.（上田惇生・佐々木実智男・田代正美訳『ポスト資本主義社会』ダイヤモンド社，1993年）
稲葉元吉・貫隆夫・奥林康司編著『情報技術革新と経営学』中央経済社，2004年
金山茂雄・葛西和弘『ネットワーク社会の情報と戦略』創成社，2004年
時永祥三・松野成悟『オープンネットワークと電子商取引』白桃書房，2004年
Toffler, A., *The Third Wave*, Morrow, 1980.（徳岡孝夫訳『第三の波』中央文庫，1982年）

第11章

グローバリゼーションと経営戦略

　企業の活動は，単に自国内だけで展開されるものではなく，地球規模で展開されることも多い．複数の国や地域をまたにかけて大規模に事業活動を展開する企業は多国籍企業[1]と呼ばれるが，その経済活動は国境を越えて展開されるために，為替変動や貿易摩擦，あるいは日本とは異なる経済制度や文化への対応など，国際経営に特有の課題に直面する．本章では，経済活動のグローバリゼーションの進展を概観したうえで，経営戦略上の諸課題を整理しよう．

11.1　産業と経済のグローバリゼーション

(1) 国際的に相互作用する経営資源

　今日の経済活動は，国際的な相互依存関係の中で行われているといっても過言ではない．たとえば，原油などのエネルギー資源は海外からもたらされているし，外国製の衣服を着たり，外国産の食品を口にする機会も非常に多い．また，家電製品もアジアなどで生産されたものを使用している場合が多い．一方，旅行や出張で海外にいくと，日本メーカーの車が走っているし，日本ブランドの製品をみかけることも多い．これらは，原材料の調達，製品の輸出入，海外現地生産などの企業の諸活動が国際的な舞台で展開されているからである．ここでは，経済活動のグローバル化とはどのようなことなのかを整理したうえで，このグローバル化が現在どの程度進展しているのかを確認しておこう．

　一般に，国際化（internationalization）が国内から国外へという方向への

拡大を指すのに対して，グローバル化 (globalization) は世界規模・地球規模での相互依存関係が進んだ状態を指す．したがって，経済活動のグローバル化とは，企業活動が国境を越えて相互依存的に展開されることを意味する．そして，このグローバル化の進展によって，ヒト・モノ・カネなどの経営資源も国境を越えて相互作用することになる．そこでは単に原材料が輸入され製品が輸出されるというモノの移転，つまり，調達市場や販売市場のグローバル化にとどまらず，研究開発や生産活動などの基地が海外に設置されることによってカネ，ヒト，そして技術などの経営資源も国境を越えるのである．そして，このような経営資源の移転は，国や地域間の相互依存的な流れとして把握されるべきである．すなわち，国内本社から海外子会社へ，逆に海外子会社から国内本社へ，そして海外子会社間でという流れである．

(2) エントリー・モード

企業活動のグローバル化は，どのように進展し，現在どの程度のインパクトをもつのだろうか．グローバリゼーションの進展を把握するためには，①海外展開の方法，②中心となった産業，③対象となった国や地域，といった要素を経時的に確認しておく必要があるだろう．

まず，海外展開の方法は，海外市場に参入する際の形態を問題にすることからエントリー・モードと呼ばれ，大きく分類すれば，輸出と対外直接投資が代表的である．輸出とは，日本国内で生産した製品を海外に販売することであり，その際の方法によって間接輸出と直接輸出に区分される．間接輸出とは，総合商社などの業者に手数料を支払い輸出を代行してもらうという形態である．もっとも簡単な方法であり，輸出代行業者のもつ現地市場に関する情報・ノウハウ・経験等を活用できるという点でメリットはあるが，同業他社の製品も同時に扱われる可能性や自社製品の優先順位が必ずしも高くない可能性もある．さらに重要なことは，自社が直接海外市場で活動を展開するわけではないため，経験から知識やノウハウを蓄積できないというデメリ

ットもある．一方，直接輸出とは，生産者が自ら自社製品を輸出するという方法である．この場合，社内に設置される輸出担当の部署が業務を担当することになる．輸出というエントリー・モードでは，国内生産に集中できるため経験効果や規模の経済性のメリットを享受しやすいが，人件費などを含めた生産コストや製品によっては輸送コストが割高になるという可能性もある．さらに重要な問題は，為替変動や関税といった問題に対処する必要性が生じることである．なお，輸出は，主に製品の販売市場が海外になることを意味するが，製品の製造に必要な原材料などを海外の市場から手当てする場合，すなわち調達市場が海外になる場合が輸入になる．

対外直接投資（toreign direct investment）とは，海外に企業活動の基地を設立することを目的とした投資を行うことである[2]．たとえば，工場を建設して生産を始めるとか，販売子会社を設立するとか，研究開発のための研究所を設立することなどである．この場合，生産・販売・研究開発などの諸機能が現地法人に移転するため，経営資源でいえばカネだけでなく，それを管理するため，あるいは技術やノウハウを移転するため，ヒトも国境を越えることになる．なお，海外直接投資にもいくつかのパターンがある．まず，現地に完全所有子会社をもつケースである．これには一から自前で設立するケースと，現地企業を買収するという方法がある．次に，複数の企業が共同出資して現地法人を設立するという合弁方式がある．この場合，現地の企業と共同で出資するケースと，現地以外の国の企業と共同で出資するケースがある．特に，現地企業との合弁の場合，現地市場に関する知識や経験・ノウハウを活用することができるというメリットが大きい．なお，合弁方式の場合，単独で全額を出資するよりも投資額を抑えることができるため，リスク分散といった効果もある．その他の海外生産の方式としては，製品の製造は現地企業に委託し，販売にだけ責任をもつという契約製造（contract manufacturing）といったパターンもある．

また，輸出と対外直接投資以外のエントリー・モードとして重要なもの

は，ある企業が他の企業に一定期間，特許，デザイン，商標，技術ノウハウなどの無形資産の使用許可を与えるというライセンシングや，主にサービス業で一般化しているフランチャイジングなどがある．ライセンシングではゼロックスが富士ゼロックスと結んだ契約などが代表的であり，フランチャイジングではマクドナルドなどが代表的である[3]．

(3) グローバル化の進展状況

それでは次に，経済のグローバリゼーションの過程をいくつかの統計指標によって確認しておこう[4]．図表11-1は，日本の輸出入の推移を示している．このグラフから，日本の輸出入が90年代の初頭まで順調に伸びていることがわかる．特に，80年代から90年代前半にかけての輸出の伸びが顕著である．なお，輸出と輸入は80年代のはじめ頃まではほぼ同じ金額で推移する

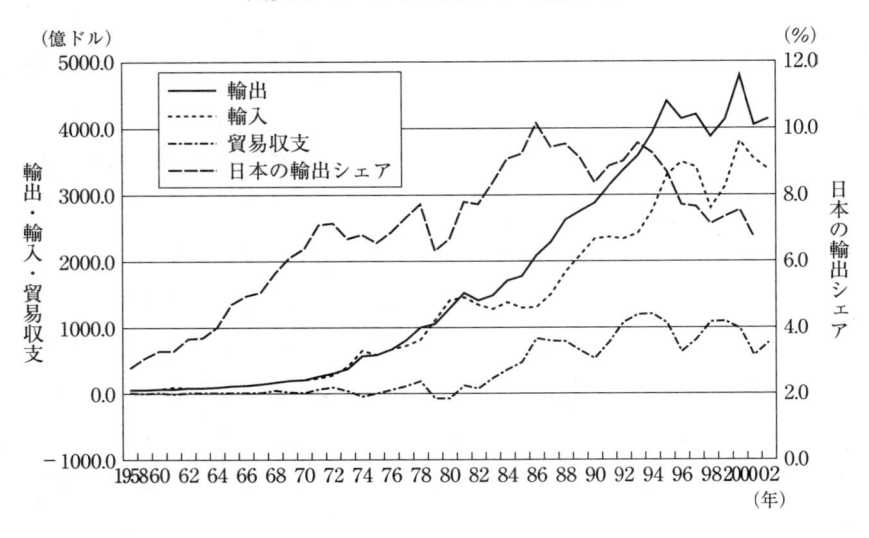

図表11-1　日本の輸出入の貿易収支

資料）財務省貿易統計
出所）伊丹敬之『経営と国境』白桃書房，2004年，4ページ

図表11-2 日本の輸出の産業別シェア

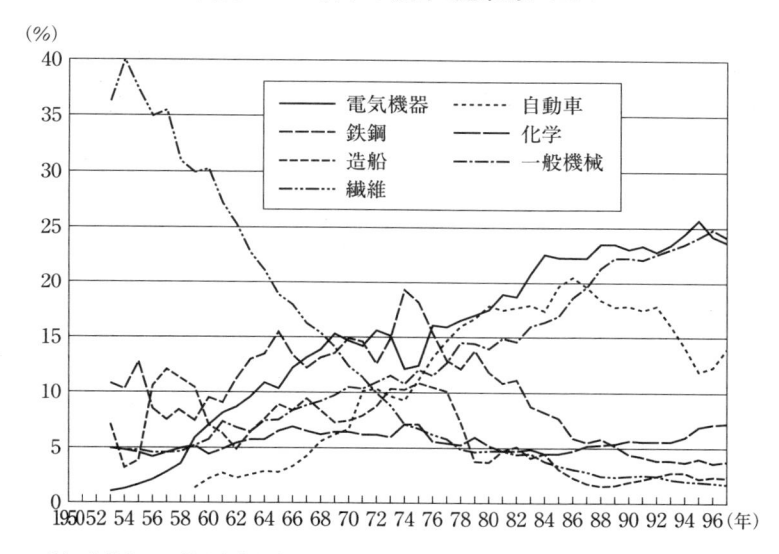

(凡例)電気機器　自動車　鉄鋼　化学　造船　一般機械　繊維

注）自動車には部品を含まない．
資料）財務省貿易統計
出所）図表11-1に同じ，6ページ

が，その後，輸入は87年くらいまで停滞し，その結果，日本の貿易黒字が拡大する．なお，図にはないが日本の輸出比率は，85年の約24%をピークに，90年代以降は概ね20%程度で推移している[5]．

また，図表11-2は，日本の輸出に占める各産業のシェアの推移を示している．年代別に確認しておけば，1960年代までは繊維が他産業のシェアを大きく引き離して輸出の主役であった．しかし，繊維は50年代半ば以降のシェアの低下傾向もまた顕著である．70年代は鉄鋼と電気機器が主役であり，80年代には電気機器，自動車，一般機械の伸びが目立つ．その後，90年代になると電気機器と一般機械が安定的にシェアを伸ばす一方で，自動車はシェアを低下させていく．

次に，日本からの輸出がどこに向かったのかを確認しておこう．図表11-

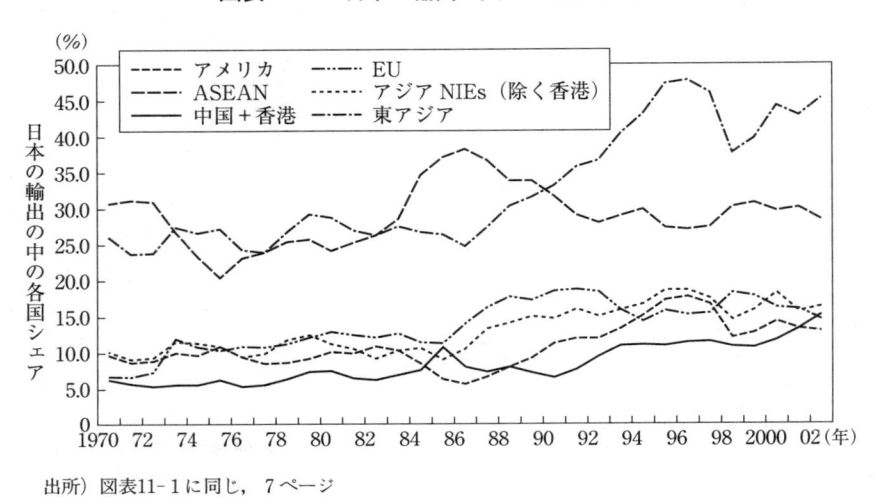

図表11-3 日本の輸出の国・地域別シェア

出所）図表11-1に同じ，7ページ

　3は日本の輸出先の国・地域別のシェアの推移を示している．グラフからは，伝統的にアメリカが輸出先としてきわめて重要な位置を占めてきたことがわかる．特に80年代中頃にはシェアが大きく膨らみ，86年のピーク時にはおよそ39％まで上昇している．その後シェアはやや低下するが，90年代以降もアメリカ単独でおよそ30％程度のシェアを安定的に占めている．

　他方，中国（香港を含む），NIEs（シンガポール，台湾，韓国），ASEAN（マレーシア，タイ，インドネシア，フィリピン）をまとめて東アジア地区とした場合に，ようやくアメリカと比較可能なレベルになる．ただし，東アジアへの輸出は，80年代半ばの約25％から90年代半ばの約48％まで急速な拡大をみせる．90年代には，輸出先としての東アジアのウェイトが顕著に増加したのである．

　次に，対外直接投資の動向を確認しておこう．2003年度の対外直接投資額実績は4兆795億円であり，地域別にみると，北米が1兆2,072億円（29.6％），中南米が5,948億円（14.6％），アジアが7,233億円（17.7％），ヨーロッパが

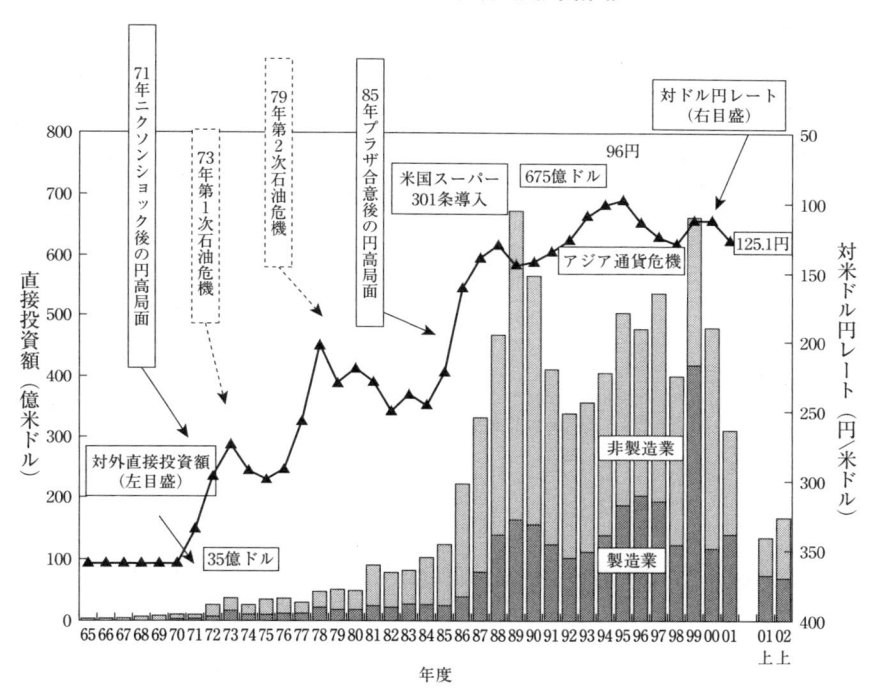

第11章 グローバリゼーションと経営戦略　197

図表11-4　日本の対外直接投資推移

注）対米ドル円レート：東京インターバンク市場　直物中心相場期中平均
　　96年度以降の直接投資額は，期中平均レートにて，経済産業省が米ドルに換算
資料）対外直接投資額：対外直接投資届出・報告実績（財務省）
出所）経済産業省『平成14年海外事業活動基本調査結果概要』

1兆4,268億円（35.0％）である[6]．図表11-4は，対外直接投資額の推移を製造業・非製造業別に示している．これをみると，86年から急激に増加していること，90年代を通して非常に活発であったこと，2000年代に入って下火になりつつあることが確認できる．

ただし，対外直接投資は，金額の絶対値だけから経営活動のグローバル化の程度を適切に判断することはできない．なぜなら，国・地域間には物価などに格差があるため，同じ金額を投資しても獲得できる経営資源の量に違い

図表11-5　2003年度現地法人分布

	全産業		製造業		非製造業	
	企業数	地域別シェア	企業数	地域別シェア	企業数	地域別シェア
全地域	13,856	100.0%	7,116	100.0%	6,740	100.0%
北米	2,629	19.0%	1,270	17.8%	1,359	20.2%
アジア	7,484	54.0%	4,511	63.4%	2,973	44.1%
中国（香港含む）	2,971	21.4%	1,841	25.9%	1,130	16.8%
ASEAN4	2,434	17.6%	1,583	22.2%	851	12.6%
NIEs3	1,766	12.7%	873	12.3%	893	13.2%
ヨーロッパ	2,327	16.8%	907	12.7%	1,420	21.1%
その他	1,416	10.2%	428	6.0%	988	14.7%

注）その他は，中南米，中東，オセアニア，アフリカの合計である．
出所）経済産業省『海外事業活動基本調査』（平成16年版）より作成

図表11-6　新規設立・資本参加時期別現地法人数の推移（地域別）

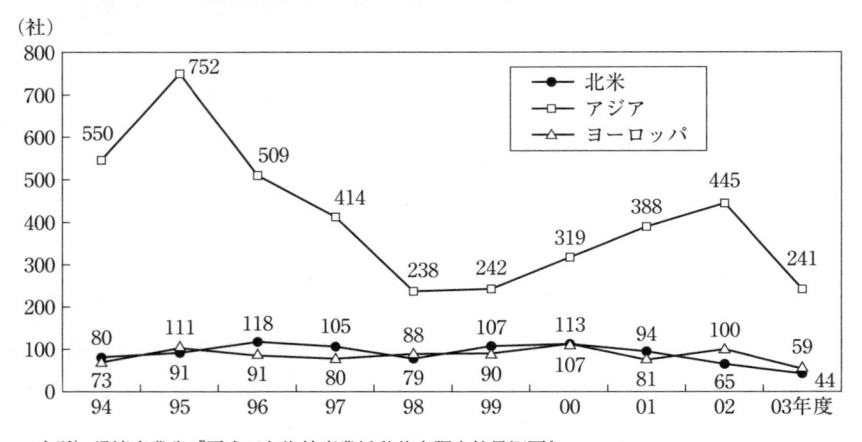

(社)

年度	北米	アジア	ヨーロッパ
94	73	550	80
95	91	752	111
96	91	509	118
97	80	414	105
98	79	238	88
99	90	242	107
00	107	319	113
01	81	388	94
02	65	445	100
03年度	44	241	59

出所）経済産業省『平成16年海外事業活動基本調査結果概要』

があるからである．そこで，現地法人の数を国・地域別に整理したものが図表11-5である．現地法人の約半数（54.0％）はアジアに集中しており，この傾向は特に製造業で顕著（63.4％）である．そして，94年以降の新規設立件数の推移を示した図表11-6から，アジアへの直接投資が90年代半ば，特に95年に752件と多かったことがわかる．

ここで，日本企業のグローバル化のプロセスを，輸出と対外直接投資を中心に要約しておこう．輸出は90年代半ばまで順調に拡大し，70年代までは繊維，80年代以降は電気機器，自動車，一般機械がリードしてきた．他方，対外直接投資は80年代半ばから活発化し，特に90年代半ばにはアジアを中心に多くの現地法人が設立された．

(4) 輸出から対外直接投資へ

最後に，これまでに指摘してこなかった点をいくつか確認しておこう．まずは，輸出と対外直接投資の規模である（図表11-1と11-4を参照）．直近のデータ（2001年）でみれば，輸出が約4,000億ドルであるのに対して，対外直接投資は320億ドル程度である．対外直接投資はピーク時の89年でも675億ドル程度であるのに対して，同時期の輸出は約2,800億ドルである．単純に金額ベースでの規模を比較すると，輸出のほうが圧倒的に大きいのである．日本企業のグローバル化が輸出中心に進められてきたとしばしば指摘される所以である．

第2に，輸出から対外直接投資へと展開する理由である．もちろん，関税や現地政府による優遇措置，あるいは割安な労働力や先端技術などの経営資源へのアクセスといったさまざまな要因が関係していることはいうまでもない．しかし，ここでは貿易摩擦と為替レートの影響を指摘しておこう．日本は1980年代の半ば以降，貿易黒字を累積させていく（図表11-1）．そして，その輸出先として80年代にアメリカのウェイトが急激に増加した（図表11-3）．これはアメリカからみれば，対日貿易赤字の拡大を意味する．当然の

結果として，日米間での貿易摩擦が大きな問題としてクローズアップされるようになった．その影響は特に自動車産業で大きく，85年以降は年間230万台という輸出の自主規制枠が設けられるようになった．その一方で，80年代には日本の自動車メーカーによる北米での現地生産が本格化する．貿易摩擦の回避は，輸出から現地生産へのシフトを引き起こす大きな要因の1つなのである[7]．

また，為替レートの変動も企業の海外戦略に大きな影響を与える．円高は，海外販売から得られる利益額を小さくするため輸出の減少要因になる一方，海外資産を獲得する際の割安感を高めるため対外直接投資の促進要因になる．実際，85年のプラザ合意後の円高は，輸出比率の伸びを鈍化させ，対外直接投資を増大させる要因となっている[8]．また，95年の円高も，輸出の伸びを抑制するとともに，アジアを中心とした対外直接投資の増加を引き起こしている．

11.2 グローバリゼーションと経営戦略の課題

前節で確認したように，特に現代大企業の活動は，国境を越えてグローバルに展開されている．その場合，企業の経営戦略にはどのような視点が必要になるだろうか．本節では，環境要因の多様性・複雑性を確認したうえで，国や地域の比較優位を考慮した最適地での活動，および現地適合とグローバル統合という視点を整理する．

(1) 多様で複雑な経営環境

貿易摩擦や為替レートといった環境要因は，国内のみを活動領域としている場合には直面しない問題であり，これらへの対処は国際経営に特有の問題であるといえる．企業活動のグローバル化が進むと，企業を取り巻く環境はきわめて大きく変化し，より一層多様で複雑になる．

まず，経営資源を調達する際の市場環境である．たとえば，労働力の調達

を例にとると，労働者1人当たりの人件費が異なる．もちろん，日本国内にも首都圏と地方との間に賃金格差は存在するが，日本と東南アジアあるいは中南米との賃金格差はより大きく，数倍から数十倍になるケースもある．これらの地域での生産工場の設立には，割安で豊富な労働力を活用することによって製造コストの低減を図ることを目的としたケースが多い．また，単に賃金の水準だけが異なるわけではない．提供される労働サービスの質も異なりうる．特に，開発途上国などに進出した場合，一定水準の技能や知識をもった労働者を確保することが困難なケースも多い．さらに，現地の雇用慣行や労働者の価値観も日本と異なるかもしれない．日本に特有とされる長期雇用・年功制・企業別組合などの雇用慣行は，現地の労働者に受け入れられないかもしれない．したがって，企業が費用を負担して従業員の能力開発を図っても，労働者が離職してしまうことも十分に考えられる．しばしば日本的経営手法の現地への導入が問題とされる所以である．

また，生産物市場での環境要因も大きく異なる．進出先の国や地域を販売市場と捉える場合，現地企業との競争に加え，場合によっては他の外資系企業との競争も予想される．また，顧客ニーズの微妙な違いなどから，需要予測などに際して国内での経験が役に立たない可能性もある．

さらに，現地政府の政策や法律の体系も異なる．特に経済政策に関しては，輸入制限やローカルコンテンツ（現地での部品調達）などの規制によって活動が制限される場合もあるし，逆に輸入代替工業化政策[9]のもとで外資の誘致を進めるため，税制などの面で優遇される場合もある．これらに加えて，人種，言語，宗教などの一般環境も異なるし，気候などの自然環境も異なる．また，国によっては，クーデターやテロなどのリスクも考慮しなければならない．したがって，国内のみを活動領域とする場合に比べて，企業の直面する環境要因は非常に多様であり，不確定な要素が増大するのである．

(2) 最適地活動による国際分業

国や地域による経営環境の差異は，事業展開にとって大きなリスクになるという側面もあるが，逆にこの差異をビジネスチャンスとしていかすという視点が重要である．特に，企業活動が複数の国や地域にまたがって展開されている場合，それぞれの国の比較優位を考慮し，生産，販売，研究開発などの諸活動をそれぞれ最適な場所で行うことによって企業の競争力を向上させられる可能性がある．つまり，海外市場にアクセスすることから得られるメリットを最大限に活用するのである[10]．

たとえば生産活動では，単純作業が中心であり労働集約的な側面の強い組立工場の設立は，日本に比べて人件費が割安で，豊富な労働力を獲得できる東アジアや中南米に多くみられる．また，販売活動では中国など今後のマーケットの成長が見込める地域が大きなターゲットになっている．さらに，研究開発活動では，技術的に進んだ国や地域に研究所を設立するなどして，そこでしか得られない，あるいは他の地域では割高になるような技術やノウハウの獲得が図られている．なお，多くの IT 企業が先端の技術や情報を求めてシリコンバレーに活動拠点を設置することも，情報的資源へのアクセスの利便性を追求する典型的なケースである．このように，国や地域の比較優位を利用した最適地への経営資源の展開，国際的な分業体制の構築は，グローバルに活動を展開する企業ならではの特権である．

(3) マルチナショナル戦略とグローバル戦略

グローバルに活動を展開する際に大きな問題となるのが，現地市場への適合とグローバルな統合というトレード・オフにある関係のバランスをいかにとるかである．ここで，それぞれのコストとベネフィットを整理しておけば以下のようになる．

それぞれの国や地域では顧客の嗜好などの基本的な環境条件が微妙に異なるため，その場所で成功するためには現地のニーズを的確に把握し，これに

企業の活動を合わせる必要性がある．郷に入っては郷に従えということである．もちろん，現地適合のメリットは細かな対応が可能になることである．しかしながら，各国に分散した活動拠点がそれぞれに異なった対応をすることには，規模の経済や範囲の経済などのうまみを十分に得ることが困難になるという問題点がある．たとえば，ある製品を販売する際に，国や地域によって仕様を変更しなければならないとすると，それはコスト増の要因になる．なお，このように各国や地域への対応を重視した戦略はマルチナショナル戦略（multinational strategy）と呼ばれる．

一方，グローバル統合とは，全世界を1つの市場とみなし，統合的な共通戦略を採用することによって，規模の経済や範囲の経済から得られるベネフィットを追求することである．したがって，研究開発や生産などの諸活動を，それぞれ最適地で実施するといった国際的な分業が実現されやすい．また，特に部品など，標準化が徹底されており各国に共通な仕様の製品を販売できるような場合には，大量生産によるメリットが大きい．しかし，各国や地域に微妙なニーズの違いがあり，その違いが企業の競争力にとって決定的な意味をもつような場合，現地市場に十分な対応ができないというデメリットがある．また，地理的にみて広範に活動拠点が分布する場合，製品によっては輸送コストが高くつくような場合もある．なお，このように世界規模での調整や統合を重視した戦略はグローバル戦略（global strategy）と呼ばれる．

もちろん，このような現地適合とグローバル統合のウェイトを決定する場合には，企業の業種，扱う製品やサービスの違いが影響する．一般的に，コンピュータや半導体などのように，製品の標準化が進んでいるような産業ではグローバル統合による競争力の向上に力点が置かれるのに対して，衣料品や食料品などのような一般消費財を扱う産業では，微妙な顧客ニーズへの対応が重要になるため現地適合の度合いを高める必要性が大きくなる．

11.3 グローバルな課題を解決するための組織設計

本節では，グローバル経営組織の雛形を紹介し，特に日本企業が，グローバル化の進展に伴ってどのような組織構造を採用してきたのかを整理しておこう．もちろん，この組織設計もグローバル経営にとっての重要な戦略的課題であることはいうまでもない．

(1) 組織と戦略との整合性

前節で指摘した，地域密着重視のマルチナショナル戦略か，世界規模での統合を重視したグローバル戦略のどちらを重視するかという問題は，企業組織の設計にも深く関係している．端的に表現すれば，分権型組織か集権型組織かという問題であり，戦略との相性が問題になる．地域密着を重視した戦略を採用する企業では，国や地域ごとにきめ細やかな対応が必要となるため，現地法人への権限委譲を進めて，子会社の独立性を高めることが重要である．すなわち，分権的な組織を構築する必要性が高い．他方，グローバル統合を重視した戦略を採用する企業では，最適地に配置された諸機能を世界レベルで調整し規模の経済や範囲の経済の獲得を目指すため，本社の強いコントロールの下での効率性が重要になる．したがって，集権的な組織を構築する必要性が高い．

(2) グローバルな組織構造

多国籍企業の経営組織は，国内事業と海外事業を統合する必要性が高まるにつれて，グローバル構造へと発展する．このグローバル構造にはいくつかのタイプがあるが，扱う製品と地域という2つの軸が基本になる．

デュポンなど，事業の多角化が進んでいる多国籍企業では，世界的製品別事業部制がみられる（図表11-7）．これは，まず製品別に事業部があり，各事業部がそれぞれ全世界をカバーする．つまり，製品事業部ごとにグローバ

第11章　グローバリゼーションと経営戦略　205

図表11-7　世界的製品別事業部制

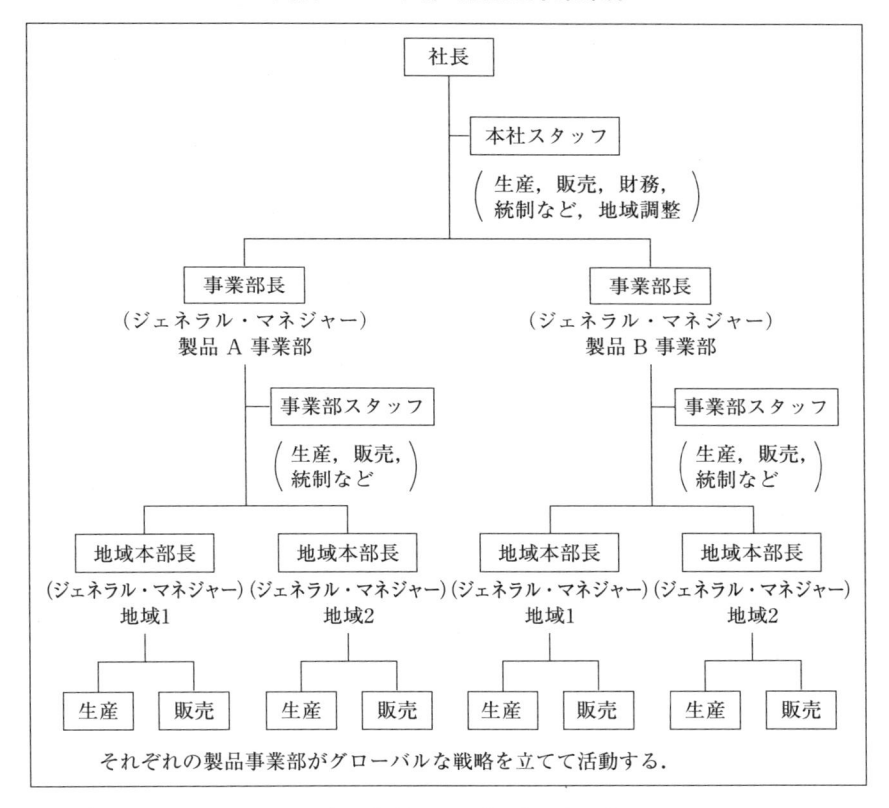

```
                    社長
                     │
                    本社スタッフ
                    （生産，販売，財務，
                      統制など，地域調整）
            ┌────────┴────────┐
         事業部長              事業部長
      （ジェネラル・マネジャー）  （ジェネラル・マネジャー）
        製品A事業部            製品B事業部
            │                    │
        事業部スタッフ          事業部スタッフ
        （生産，販売，          （生産，販売，
          統制など）              統制など）
        ┌───┴───┐            ┌───┴───┐
     地域本部長  地域本部長    地域本部長  地域本部長
   （G・M）    （G・M）      （G・M）    （G・M）
     地域1      地域2         地域1      地域2
    ┌─┴─┐   ┌─┴─┐      ┌─┴─┐   ┌─┴─┐
   生産 販売  生産 販売    生産 販売  生産 販売
```

それぞれの製品事業部がグローバルな戦略を立てて活動する．

出所）Stopford and Wells, Jr.（1972）（邦訳 p. 59），岩田（1998）220ページ

ルな戦略を策定し，経営活動を展開するタイプである．ただし，同一の国や地域における他の事業部との調整がむずかしいという問題点がある．他方，コカ・コーラなどの専業型企業，あるいは事業の多角化の程度が低い多国籍企業では，世界的地域別事業部制がみられる（図表11-8）．これは，北米・中南米・ヨーロッパ・アジアなどの地域別に事業部が設置され，それぞれの国や地域に対応した経営戦略のもとで事業活動が展開されるタイプである．

このように，グローバルな経営組織は，製品別事業部をベースにした構造

図表11-8 世界的地域別事業部制

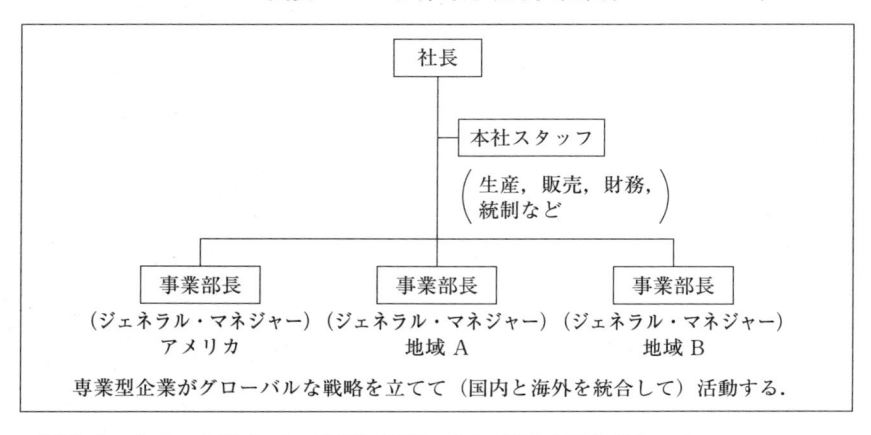

```
                    ┌──────┐
                    │ 社長 │
                    └──┬───┘
                       │
                  ┌────┴──────┐
                  │ 本社スタッフ │
                  └────┬──────┘
              ╱ 生産, 販売, 財務, ╲
              ╲ 統制など          ╱
          ┌────────┼────────┐
     ┌────┴───┐ ┌──┴────┐ ┌─┴──────┐
     │ 事業部長 │ │事業部長│ │ 事業部長 │
     └────────┘ └───────┘ └────────┘
 (ジェネラル・マネジャー)(ジェネラル・マネジャー)(ジェネラル・マネジャー)
     アメリカ        地域 A          地域 B
```

専業型企業がグローバルな戦略を立てて（国内と海外を統合して）活動する．

出所）Stopford and Wells, Jr.（1972）（邦訳 p. 78），岩田（1998）221ページ

図表11-9 マトリックス組織

【製品別】A製品事業部、B製品事業部、C製品事業部

【地域別（例）】北米事業部、アジア事業部、欧州事業部

A製品・北米

と，地域別事業部をベースにした構造が典型であるが，特に世界的製品別事業部制には，同一地域内で他の製品事業部といかに調整を図るかという問題があった．そこで，この問題に対処するために，地域ベースの組織を製品別組織と組み合わせたマトリックス組織（あるいはグリッド構造とも呼ばれる）が考案された（図表11-9）．しかし，このマトリックス組織はうまく機能しなかった．その基本的な理由は，命令の一元性の原則が崩れたためである．マトリックス組織では，製品別事業部と地域別事業部という2人のトップから命令が発せられるため，この2つの指示に矛盾がある場合には，どちらに従ったらよいのかが明確ではないのである．したがって，この問題点のために，マトリックス組織を採用する多国籍企業は少なかった．

(3) 日本の多国籍企業の組織

日本企業のグローバル化は伝統的に輸出中心に進められてきたが，1950年代から60年代にかけて，松下電器，味の素，東レなどが東南アジアや中南米などの発展途上国で現地生産を開始する．輸出だけの場合は輸出担当の部門による管理で十分であったが，現地での生産活動が開始されると，原材料や部品の調達，あるいは従業員の管理など，活動の領域が拡大するために，輸出部門による対応ではどうしても限界が生じる．そこで，現地での諸活動を管理するために海外事業部がつくられるようになった．

この海外事業部は，基本的に2つのタイプに分けられる[11]．1つは，輸出部とは別に海外事業部がつくられるタイプである（図表11-10）．このタイプは，東レ（1976年頃）などのように，輸出比率の高い企業でよくみられる．グローバル戦略の中心は輸出であり，その輸出は輸出部によって管理される．一方，まだ相対的に重要性の低い海外製造子会社の管理は，輸出部とは別の海外事業部によって管理される．

もう1つは，海外事業部の中に輸出部がおかれるタイプである（図表11-11）．このタイプは，武田や味の素（1972～75年頃）などのような輸出比率の

図表11-10　海外事業部（第1タイプ）

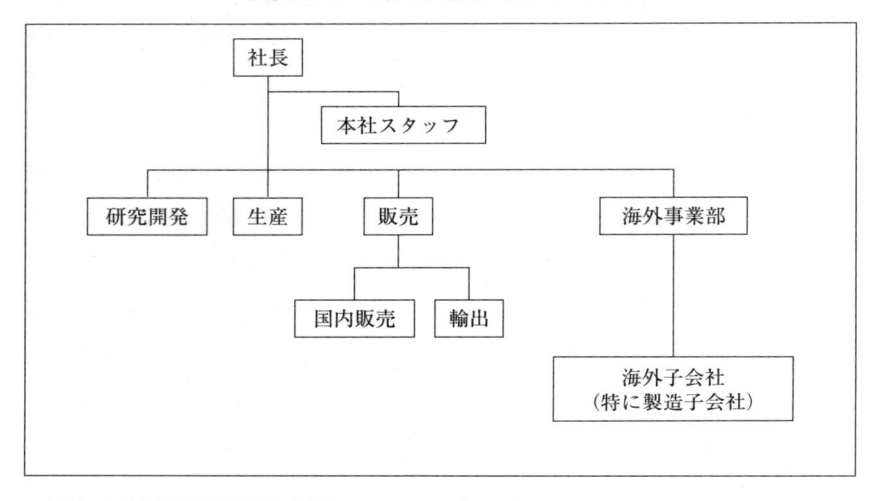

```
                社長
                 │
              本社スタッフ
   ┌─────┬─────┼──────────┐
 研究開発   生産   販売        海外事業部
              ┌───┴───┐         │
           国内販売  輸出       海外子会社
                              （特に製造子会社）
```

出所）吉原英樹『国際経営』有斐閣アルマ，1999年，166ページ

図表11-11　海外事業部（第2タイプ）

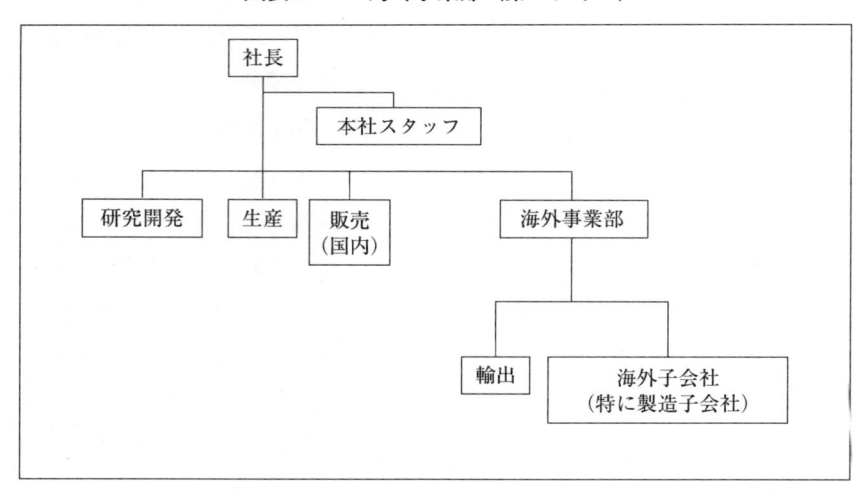

```
                社長
                 │
              本社スタッフ
   ┌─────┬─────┬──────────┐
 研究開発   生産   販売         海外事業部
                 （国内）         │
                            ┌────┴────┐
                           輸出     海外子会社
                                  （特に製造子会社）
```

出所）図表11-10に同じ

第11章 グローバリゼーションと経営戦略　209

低い企業でみられる．輸出，現地生産，技術ライセンシングなどの諸活動の管理は，すべて海外事業部によって担当される．

　なお，日本の多国籍企業では，グローバル構造を採用するケースは少なく，多くの企業で海外事業部が存続していると考えられる[12]．

(4) グローバル経営の諸課題

　これまでみてきたように，企業活動がグローバルに展開される場合，企業を取り巻く環境は，単に経済的な側面だけでなく，文化・価値観・慣習・人種・宗教などといった社会的な側面においても，その多様性・複雑性は大きく増大する．その結果，多国籍企業は，全社戦略，職能別戦略，経営組織などの面で，さまざまな課題に直面する．まず，進出先の選択とエントリー・モードの選択がある．輸出によって新たな成長機会を海外市場に求める場合にも，総合商社などを活用して間接輸出するのか自社で直接輸出するのかを選択しなければならないし，対外直接投資によって現地法人を設立する場合にも，完全所有にするのか合弁にするのかという所有比率の決定問題に直面する．さらに，この参入形態の選択では，貿易摩擦などの政治経済的問題への配慮や，為替レートの変動などの要因も考慮しなければならない．また，現地生産を行う場合，ローカルコンテンツの規制など現地政府の産業政策への対応も必要になるし，現地従業員の人材開発や処遇，インセンティブ設計などの雇用問題も重要になる．また，研究開発，原材料の調達，生産活動などの諸機能を最も適した国や地域に配分し，国際的な分業を図るという姿勢も必要である．そして，企業活動がグローバル化した際には，製品や部品の標準化を進めてグローバルな統合と調整を図りつつ規模の経済や範囲の経済を追求するのか，現地法人の独立性を高めて現地のニーズに細かく対応するのかといったトレード・オフの問題にも直面する．そして，企業の戦略との整合性を考慮して，集権的な組織構造か分権的な組織構造かを選択しなければならない．さらに，本国親会社と海外子会社間あるいは海外子会社間で，

情報・技術・ノウハウなどの経営資源の移転を活発にし，グローバルな事業展開から得られるシナジーを最大化するように努める必要がある．このように，グローバル経営の直面する課題は実に多様なのである．

注)
1) 多国籍企業の定義は，浅川（2003, 2-18ページ）によるまとめを参照のこと．
2) 海外への投資には海外間接投資という形態もある．これは，証券投資あるいはポートフォリオ投資とも呼ばれ，外国企業の株式や社債などを購入し，配当や値上がり益の獲得を目指すものである．したがって，主にカネの移転として把握できる．
3) ゼロックスと富士ゼロックスとの間では，ライセンス契約と同時に合弁方式も採用されている．
4) グローバル化の進展状況に関しては伊丹（2004）が詳しい．
5) この数値は吉原（1999, 74ページ）による多国籍企業のものである．
6) 財務省『対外及び対内直接投資状況（年度ベース）』による．
7) もちろん，貿易摩擦の問題は単に経済的な側面だけでなく，政治的な要因も深く関係している．
8) プラザ合意の背景には，アメリカの対日貿易赤字縮小を目的とした意図的なドル安誘導があった．日本からの輸入を抑制し，日本への輸出を促進する効果があるからである．
9) これまで輸入していた製品を，自国内での生産に代替させることによって，工業化を進めようとする政策のこと．
10) 楠木（2001, 303-307ページ）は，企業が国際化する動機として，①新しい市場での成長機会の追求，②低コストの生産要素の獲得，③リスクの分散，を指摘している．
11) 吉原（1999, 164-166ページ）参照．
12) 吉原（1999, 171ページ）参照．なお，日本多国籍企業の組織形態の発展は，アメリカやヨーロッパとは異なった経緯をたどっている．詳しくは岩田（1998, 217-228ページ）を参照のこと．

◆参考文献

Stopford, J.M. and Wells, L.T. Jr., *Managing The Multinational Enterprise*, Basic Books, 1972.（山崎清訳『多国籍企業の組織と所有政策』ダイヤモンド社，1976年）

岩田智「グローバル戦略」大滝精一・金井一頼・山田英夫・岩田智『経営戦略』有斐閣アルマ，1998年
吉原英樹『国際経営』有斐閣アルマ，1999年
楠木建「国際化戦略」一橋大学商学部経営学部門編『経営学概論』税務経理協会，2001年
浅川和宏『グローバル経営入門』日本経済新聞社，2003年
伊丹敬之『経営と国境』白桃書房，2004年

索引

あ行

ITの環境化　179
アウトソーシング　125, 138
アナログ情報　180
オハイオ州立研究　159
アライアンス　125
暗号化技術　188
アンゾフ, H. I.　10, 12, 19, 29
安定株主工作　117
暗黙知　101
EMS企業　138, 139
EC　184
伊丹敬之　13
5つの競争要因　63
一般環境要因　14
一般品　74
イノベーション　17
因果関係不明性　87
インテグラル型　184
運営理念　8
営業譲渡　112
衛生理論　148
SECIプロセス　104
SECIモデル　104
エスカレーション現象　166
SBU（Strategic Business Unit：戦略的事業単位）　54
X理論　149
M&A　111, 140

か行

海外事業部　207
会社分割　112
隠された情報　183
価値活動　82
合併（Mergers）　111, 127, 128, 131
株式移転　115
株式交換　113, 115
株式取得　112
株式持ち合い　117
可変的資源　48
為替レート　200
環境ベースビュー　22
間接輸出　192
関連型　31, 32
関連多角化　52
企業環境　14
企業間取引（B to B）　185
企業間マネジメント理論　21
企業固有能力　24
企業対消費者間取引（B to C）　185
企業内プロセスのモジュール化　183
技術的資源　94
稀少性　86
規制　130
期待理論　153
規模の経済性　120, 140
基本戦略　80
吸収合併　111
業界構造　63
業界構造分析　63
業界団体　129
供給業者の交渉力　63
業績のシナジー　40
競争地位　80
競争優位　80
共同化　104
協働システム　90
業務の効率化　77
クーパー, R.　22
グラント, R. M.　94
グローバル化　192
グローバル戦略　203
グローバル統合　203
経営資源　32, 36, 39, 43, 86
経営戦略　1
　——の概念　5
経営のデジタル化　180
経営理念　1, 7
経験曲線　38
経験効果　55, 66, 120
経済的価値　85
形式知　101
ケイパビリティ　86
契約製造　193

索　引　213

系列　125
経路依存性　88
経路目標理論　158
原材料市場　45
現地適合　203
コア・コンピタンス　48, 77
公開買付（TOB：Take Over Bit）　113
行動論アプローチ　159
高度情報化社会　176
高度情報ネットワーク化社会　175
公平理論　152
顧客の交渉力　63
国際化　191
コストリーダーシップ戦略　80
固定的資源　48
コングロマリット　29

さ　行

財務的資本　92
サプライチェーン・マネジメント（SCM）　137, 138
サプライヤー　126, 127, 136, 137, 140
差別化　38, 39, 41
　——戦略　80
　——集中戦略　80
産業全体のプロセスのモジュール化　183
参入障壁　65
支援活動　83
シェンデル, D. E. ＆ホファー, C. W.　20
事業ドメイン　2
資金的資源　45
資源依存モデル　125, 126, 140
資源展開戦略　43
資源ベースビュー　22
市場買付　113
市場成長率　54
持続的競争優位　77
シナジー　29, 36-41
シナジー効果　30, 31, 36-39, 41, 51, 119
資本市場　46
社会的複雑性　87
集権型組織　204
集中戦略　80
主活動　83
シュンペーター, J. A.　17
ジョイント・ベンチャー　125, 129
条件理論　161

承認図メーカー　136
消費者間取引（C to C）　187
情報　98
情報的資源　46
新株予約権　113
新規参入者の脅威　63
新設合併　111
人的資源　44
人的資本　92
垂直型M&A　118
垂直統合　121, 127
スイッチング・コスト　67
水平型M&A　118
SWOT分析　3
スコープ戦略　81
生産シナジー　51
生産物市場　45
制度品　74
製品構成のシナジー　40
製品のモジュール化　182
製品（の）ライフサイクル　38, 54
世界的製品別事業部制　204
世界的地域別事業部制　205
セキュリティ　188
戦略　10
戦略グループ　73
戦略策定　5
戦略次元（strategic dimension）　73
戦略的提携　140
戦略的ポジショニング　61
相対買付　113
相対的マーケット・シェア　54
組織　86
　——コントロール論　143
　——的資本　93
　——的知識創造　106
　——の能率　90
　——のモジュール化　182
　——の有効性　90

た　行

対外直接投資　193
第三者割当増資　113
代替製品・サービスの脅威　63
貸与図メーカー　136
ダウンサイジング　176
多角化　29, 31-34, 36, 37, 38, 41, 127
多角化型M&A　118

多角化戦略　30
多国籍企業　191
達成欲求　147
知識　98
　——資産　98
　——社会　97
　——の螺旋運動　106
　——変換　103
　——労働者　98
知的財産　36
チャンドラー，A. D. Jr.　12
中間組織　133
直接輸出　193
提携　125, 133, 134, 139
テイラー，F. W.　10
敵対的買収　114
データ　98
デューディリジェンス　123
デル・モデル　138
電子商取引　184
同一産業内の競合企業間の競争　63
動因理論　152
動機づけ理論　167
投資シナジー　51
独自の歴史的条件　87
特許　87
特許制度　90
ドメイン　7
ドラッカー，P. F.　97
取引コスト　131-133
　——論　130, 131, 133, 140

な 行

内部化　127, 128
　——プロセス　105
ナレッジ・マネジメント　97
ネットワーク　176
　——化社会　176
　——リーダーシップ　164
能力のシナジー　40
野中郁次郎　18, 101

は 行

買収（Acquisitions）　111, 131, 134
バーチャル・コーポレーション　125
花形製品　41
バーニー，J. B.　22, 85
バリューチェーン　82

範囲の経済　35, 36
　——性　119
販売シナジー　51
非関連型　31, 32
非関連多角化　53
BTO　186
PPM 分析　20
表出化　104
ファヨール，H.　10
VRIO　23
　——フレームワーク　85
部品市場　45
物的資源　45
物的資本　92
プラザ合意　200
フランチャイジング　194
プロセスのモジュール化　182
プロセス理論　151
プロダクト・ポートフォリオ・マネジメント（PPM）　54
ブロードバンド化　178
分権型組織　204
ベスト・プラクティス　77
変革型リーダーシップ　164
ペンローズ，E. T.　13, 85
貿易摩擦　200
ポジショニング・アプローチ　61
ポスト資本主義社会　97
ボストン・コンサルティング・グループ（BCG）　54
ポーター，M. E.　11, 61, 80
ポランニー，M.　102
本業中心型　32

ま 行

マージン（利益）　82
マトリックス組織　207
マネジメント・シナジー　52
マルチナショナル戦略　203
見えざる資産　48
見える情報　183
ミシガン研究　160
未成熟－成熟理論　150
ミンツバーグ，H.　21, 80
無形資産　49
無店舗販売品　74
命令の一元性の原則　207
目的理念　8

モジュール化戦略　181
モジュール型　184
モジュール化の限界　184
持株会社による企業統合　114
モチベーション　155
　　——効果　162
　　——理論　144
模倣困難性　86

や　行

輸出　192
輸入　193
輸入代替工業化政策　201
ユビキタス化　178
吉原英樹　13
欲求5段階説　147
欲求リスト　146

ら　行

ライセンシング　194
ライフサイクル　38
リエンジニアリング　77
リスク（の）分散　37, 52
リーダー　168
リーダーシップ・エンジン　169
リーダーシップ理論　157
リーダーシップ論　144
ルメルト，R. P.　12
連結化　105
労働市場　45
ローカルコンテンツ　201
ローラー・モデル　154

わ　行

Y理論　150

編著者略歴	佐久間信夫	
		明治大学大学院商学研究科博士課程修了
	現　職	創価大学経営学部教授　経済学博士
	専　攻	経営学，企業論
	主要著書	

『企業集団研究の方法』文眞堂　1996年（共編著），『現代経営における企業理論』学文社　1997年（共著），『企業集団支配とコーポレート・ガバナンス』文眞堂　1998年（共編著），『現代経営学』学文社　1998年（編著），『企業集団と企業結合の国際比較』文眞堂　2000年（共編著），『新世紀の経営学』学文社　2000年（編著），『現代経営用語の基礎知識』学文社　2001年（編集代表），『企業支配と企業統治』白桃書房　2003年，『企業統治構造の国際比較』ミネルヴァ書房　2003年（編著），『経営戦略論』創成社　2004年（編著），『増補版　現代経営用語の基礎知識』学文社　2005年（編集代表），『アジアのコーポレート・ガバナンス』学文社　2005年（編著）など

	犬塚　正智	
		早稲田大学大学院商学研究科博士後期課程修了
	現　職	創価大学経営学部教授
	専　攻	経営戦略論，コンピュータ科学
	主要著書	

『経営学総論第2版』成文堂，1993年（共著），『戦略組織論の構想』同文舘，1999年（共著），『企業戦略と情報技術』杉山書店　2000年，『ネットワーク時代の企業戦略』学文社　2000年

現代経営基礎シリーズ4

現代経営戦略論の基礎　　2006年5月10日　第一版第一刷発行

編著者　　佐久間信夫
　　　　　犬塚正智

発行所　㈱学　文　社

発行者　田中千津子

　東京都目黒区下目黒 3-6-1　〒153-0064
　電話 03(3715)1501　振替 00130-9-98842

落丁，乱丁本は，本社にてお取替えします。
定価は売上カード，カバーに表示してあります。

ISBN 4-7620-1574-1　　検印省略
　　　　　　　　　　印刷／シナノ印刷株式会社